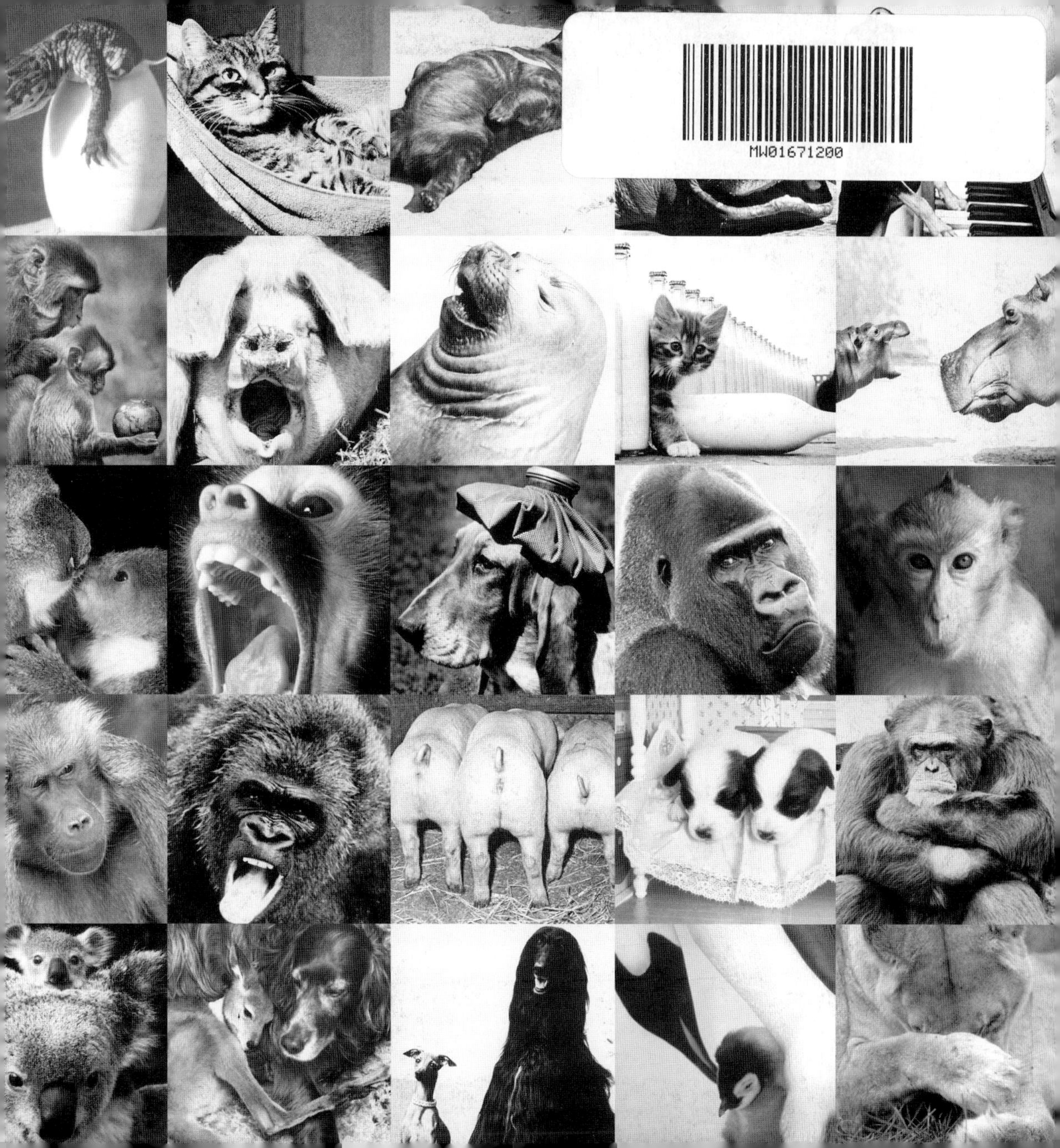

A Incrível Verdade sobre as
MÃES

THE INCREDIBLE TRUTH ABOUT MOMS

Outros livros de Bradley Trevor Greive

Um Dia "Daqueles"

Querida Mamãe, Obrigado por Tudo

O Sentido da Vida

Em Busca do Príncipe Encantado

THE Taronga FOUNDATION

Inspirando a nossa comunidade para criar um futuro melhor para a vida animal e para nossos filhos

TARONGA ZOO — WESTERN PLAINS ZOO

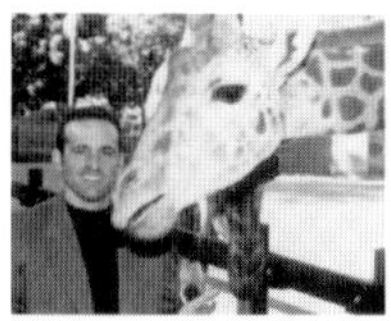

Bradley Trevor Greive adora animais e apóia com orgulho a Taronga Foundation. Para descobrir como você pode facilmente contribuir, adotando um animal ou fazendo uma doação para programas de pesquisa e reprodução, visite o site www.tarongafoundation.com.

Bradley Trevor Greive

A Incrível Verdade sobre as Mães

tradução de Cora Rónai

Sextante

tradução
Cora Rónai
capa
Raul Fernandes
revisão
Sérgio Bellinello Soares
pre-impressão
R.R. Donnelley Mergulhar
impressão e acabamento
R.R. Donnelley América Latina.

CIP-BRASIL. CATALOGAÇÃO-NA-FONTE
SINDICATO NACIONAL DOS EDITORES DE LIVROS, RJ.

G841i Greive, Bradley Trevor
A incrível verdade sobre as mães
/ Bradley Trevor Greive ; tradução de Cora Rónai.
– Rio de Janeiro : Sextante, 2003
principalmente il.;

Tradução de: The incredible truth about motherhood
ISBN 85-7542-054-2

1. Mães – Miscelânea. 2. Animais – Obras ilustradas.
I. Título

03-0424. CDD 306.87
CDU 316.356.2

Editora Sextante (GMT Editores Ltda.)
Rua Voluntários da Pátria, 45 – Gr. 1.404 – Botafogo
22270-000 – Rio de Janeiro – RJ
Tel.: (21) 2286-9944 – Fax: (21) 2286-9244
Central de Atendimento: 0800-22-6306
E-mail: atendimento@esextante.com.br
www.esextante.com.br

A mão que balança o berço
é a mão que governa o mundo.

WILLIAM ROSS WALLACE

THE HAND THAT ROCKS THE CRADLE
IS THE HAND THAT GOVERNS THE
WORLD

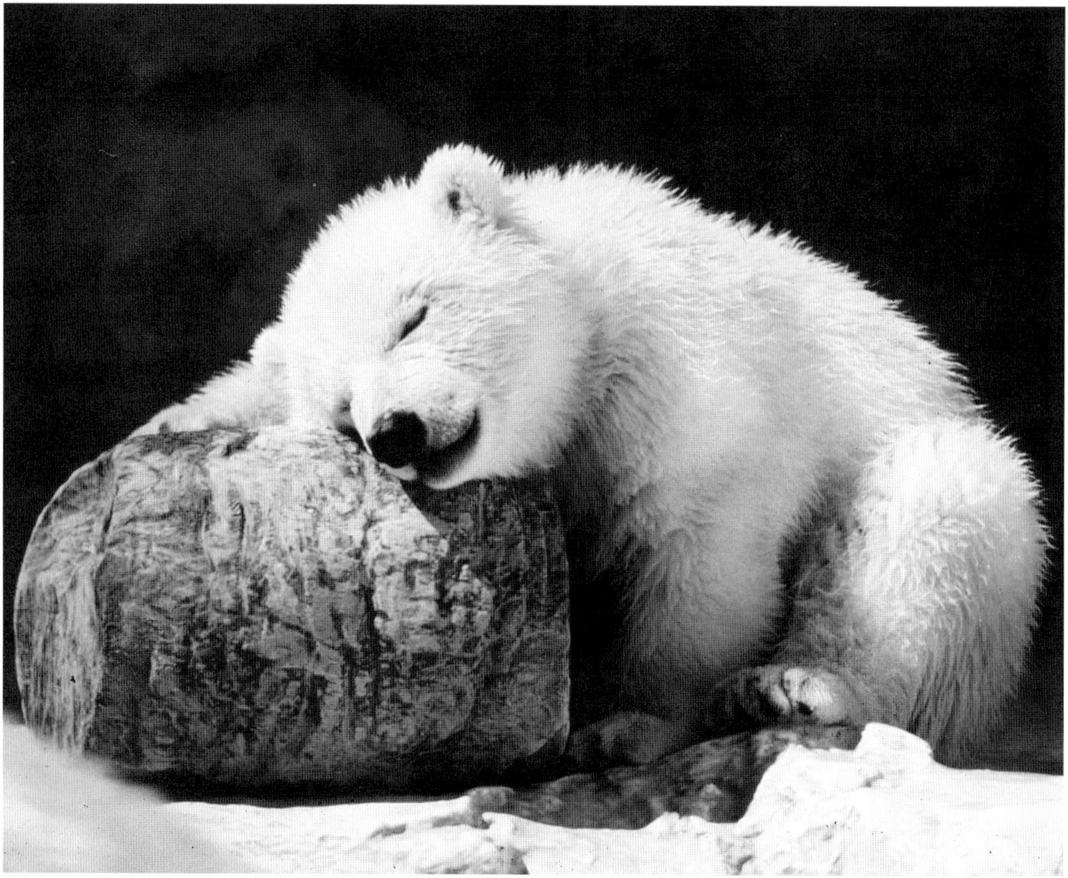

A CHILD'S DREAM IS TOMORROW'S REALITY.

Os sonhos de uma criança são a realidade do amanhã.

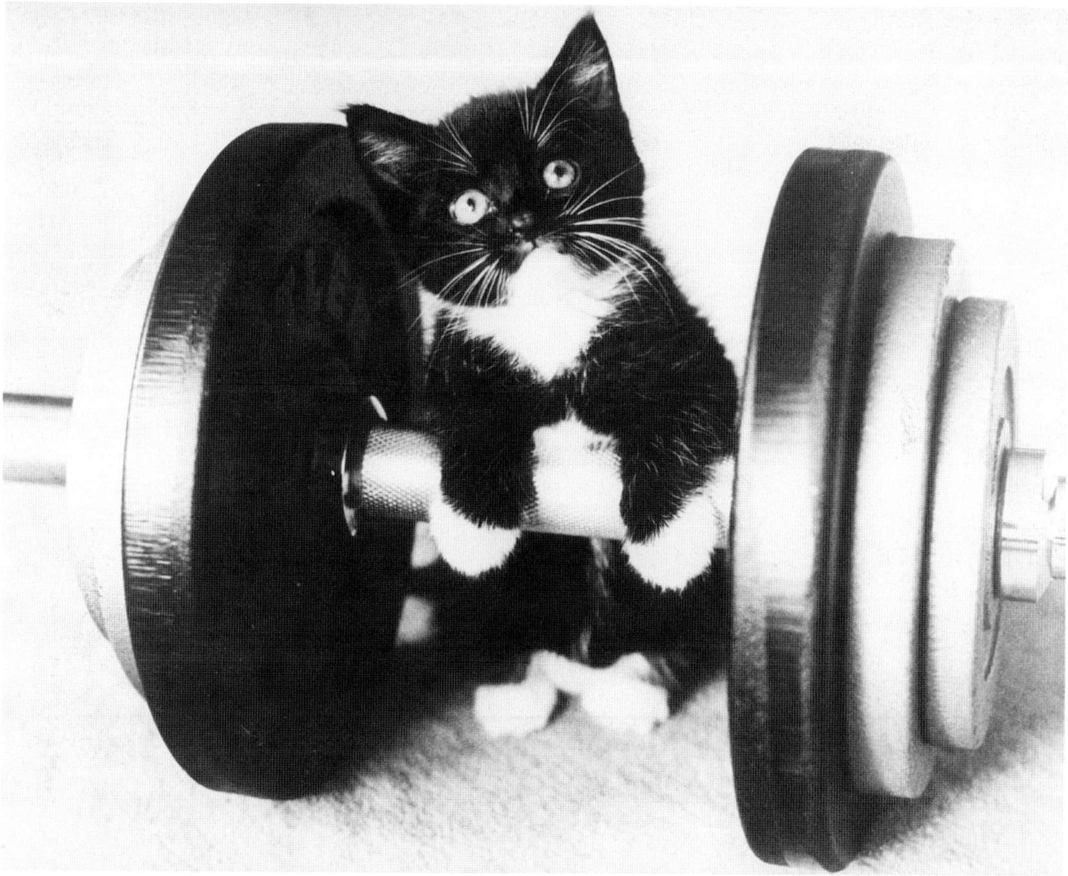

CHILDREN ARE THE FUTURE. OUR FUTURE. THE CHAMPIONS OF OUR FUTURE.

As crianças são o futuro. O nosso futuro.
Os campeões do nosso futuro.

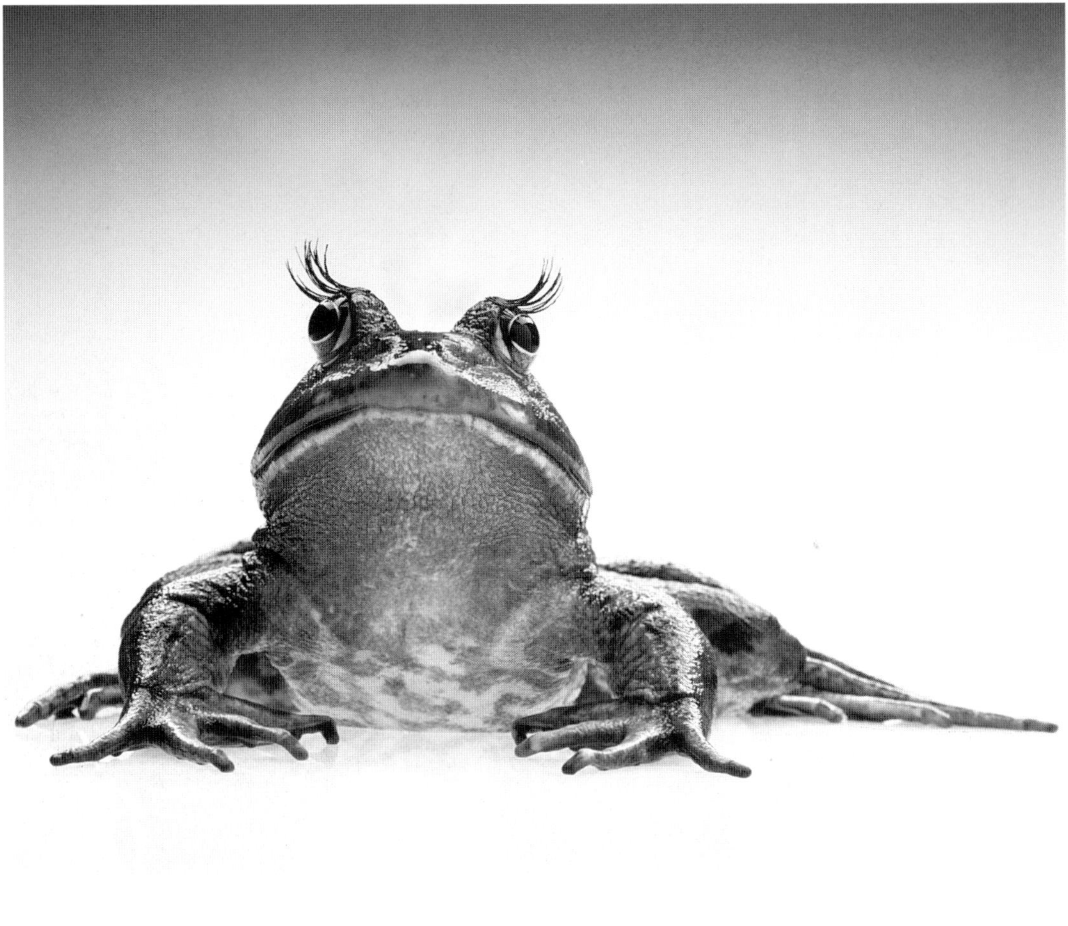

SUPER MODELS.

Top models.

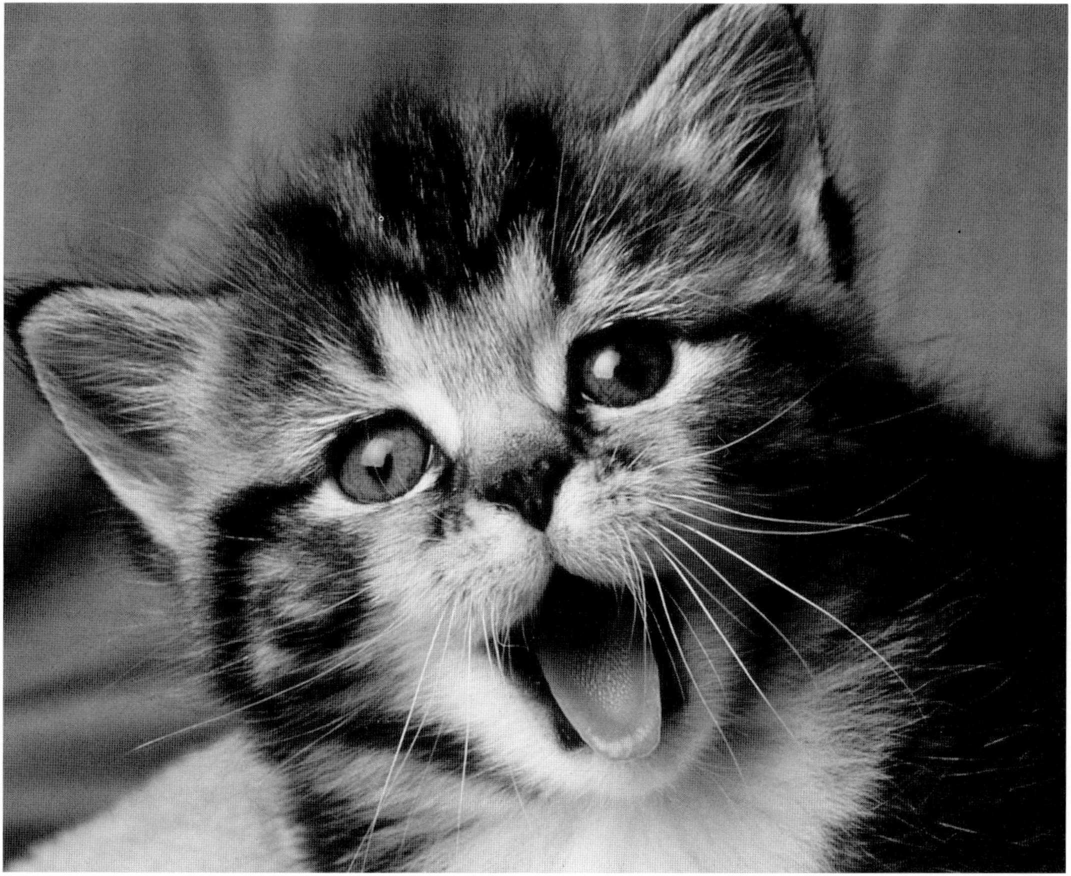

ROCK STARS.
Cantores de rock.

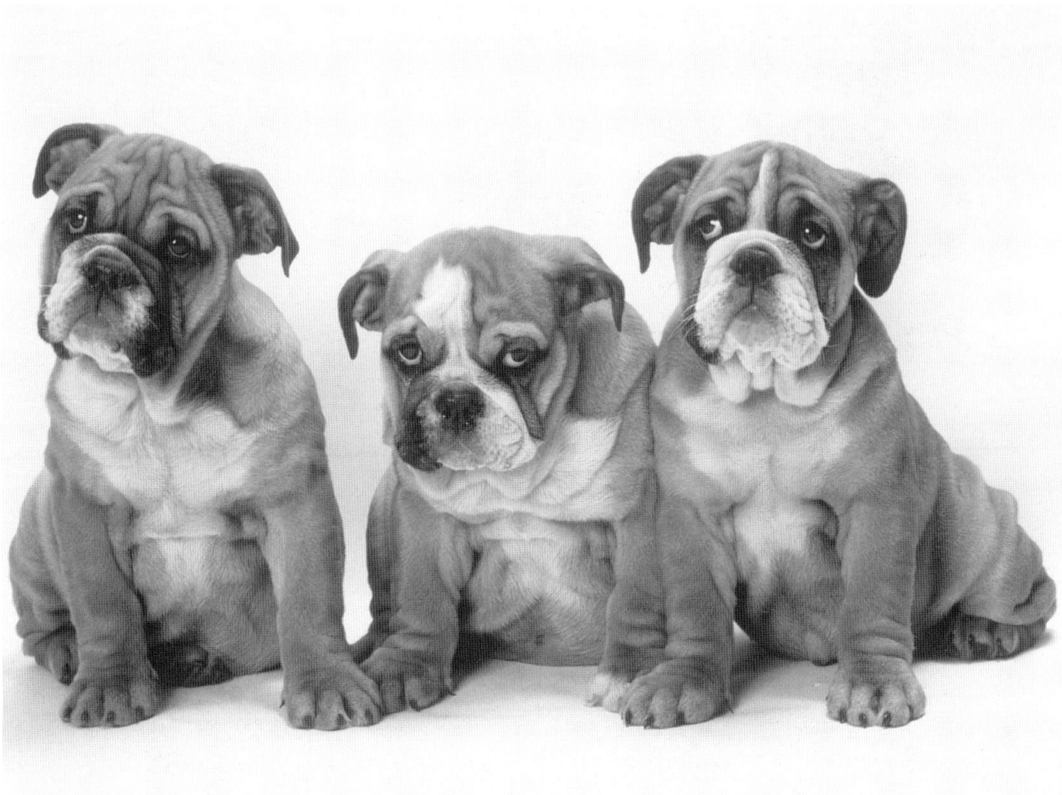

IRS AGENTS, AND SO FORTH.

Fiscais da Receita, e assim por diante.

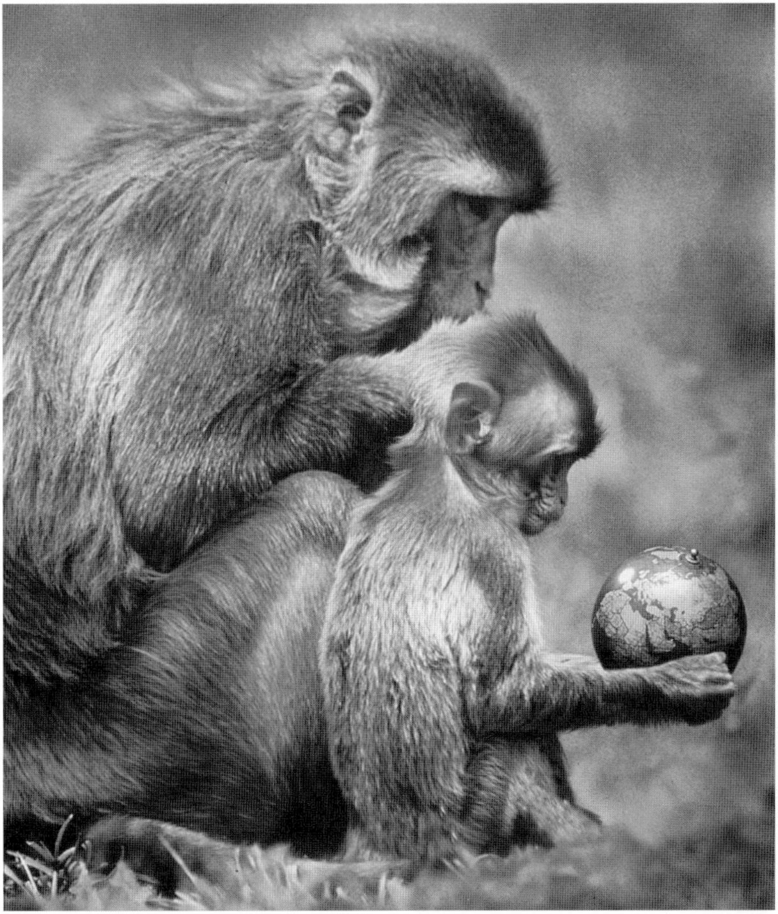

IN A WAY, IN A BIG WAY, OUR WORLD IS IN THEIR

De modo que, em grande parte,
nosso mundo está em suas mãozinhas.
Mas nas mãos de quem elas estão?

LITTLE HANDS. BUT IN WHOSE HANDS ARE THEY?

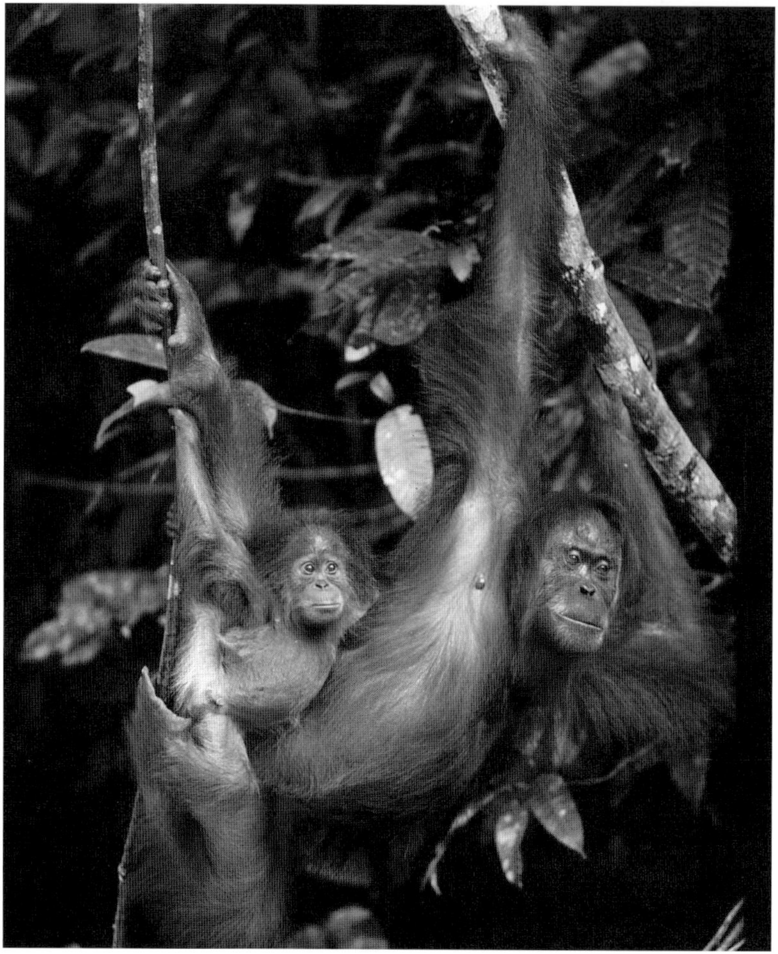

THE ANSWER, OBVIOUSLY, IN THE HANDS OF

A resposta é, claro, nas mãos de alguém
com extrema paciência,

SOMEONE WITH LOTS OF PATIENCE,

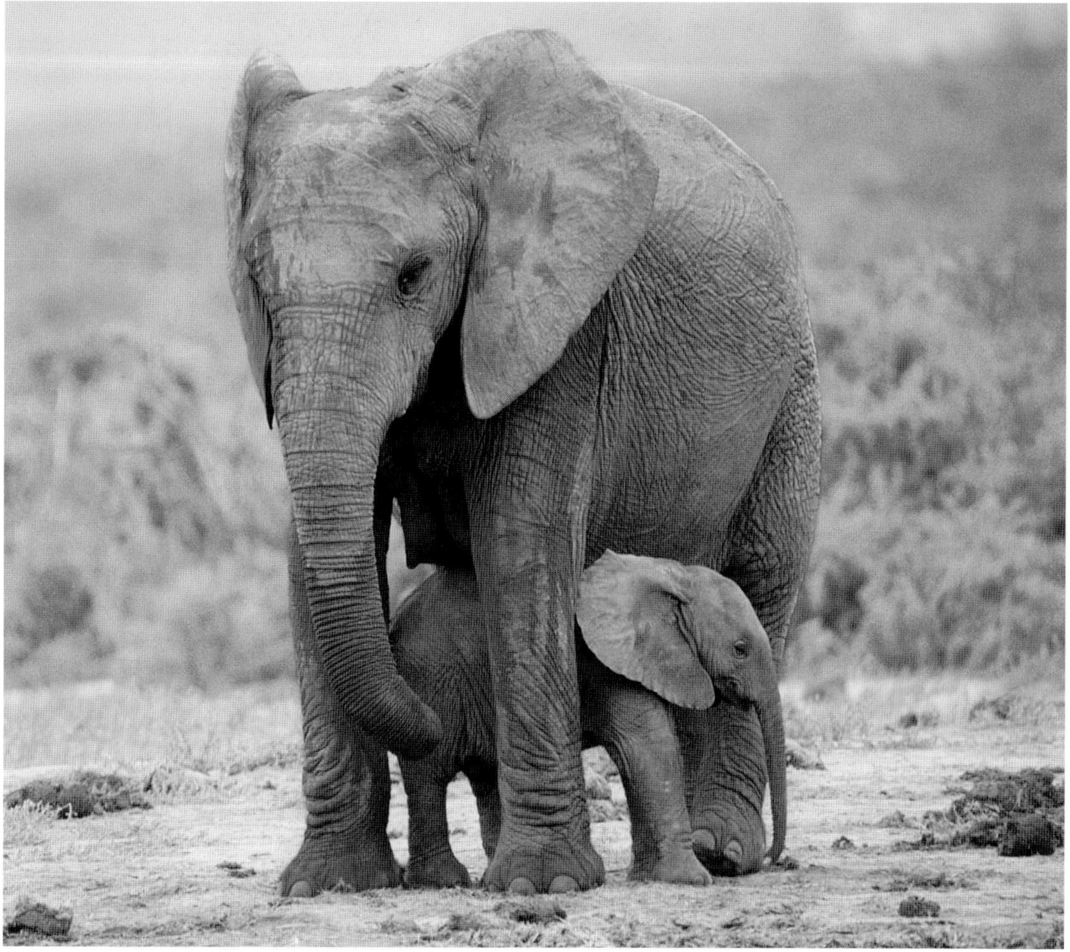

imensa compreensão

great understanding

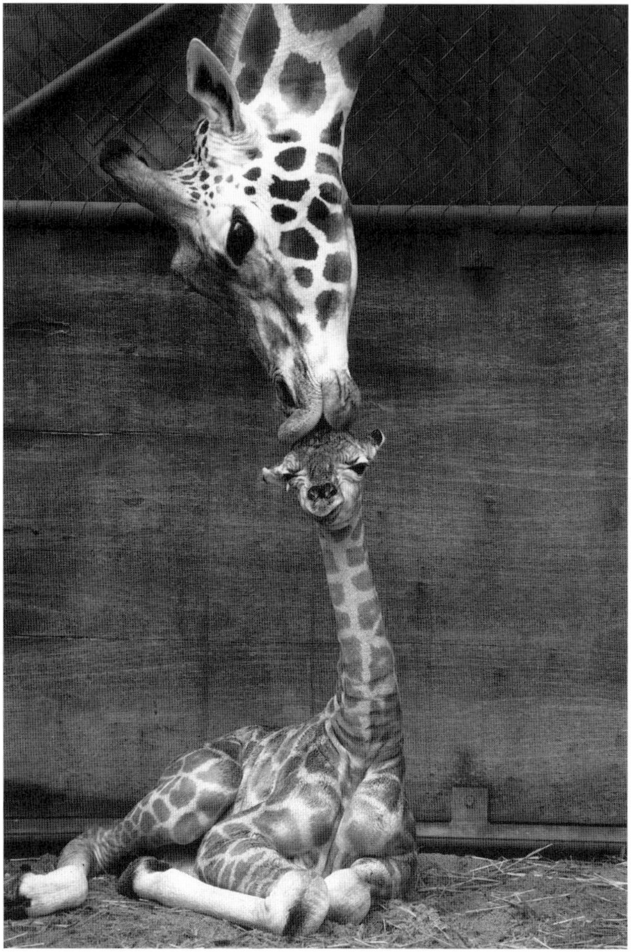

AND UNENDING LOVE.

e amor infinito.

Em suma, suas mães.

IN SHORT, THEIR MOMS.

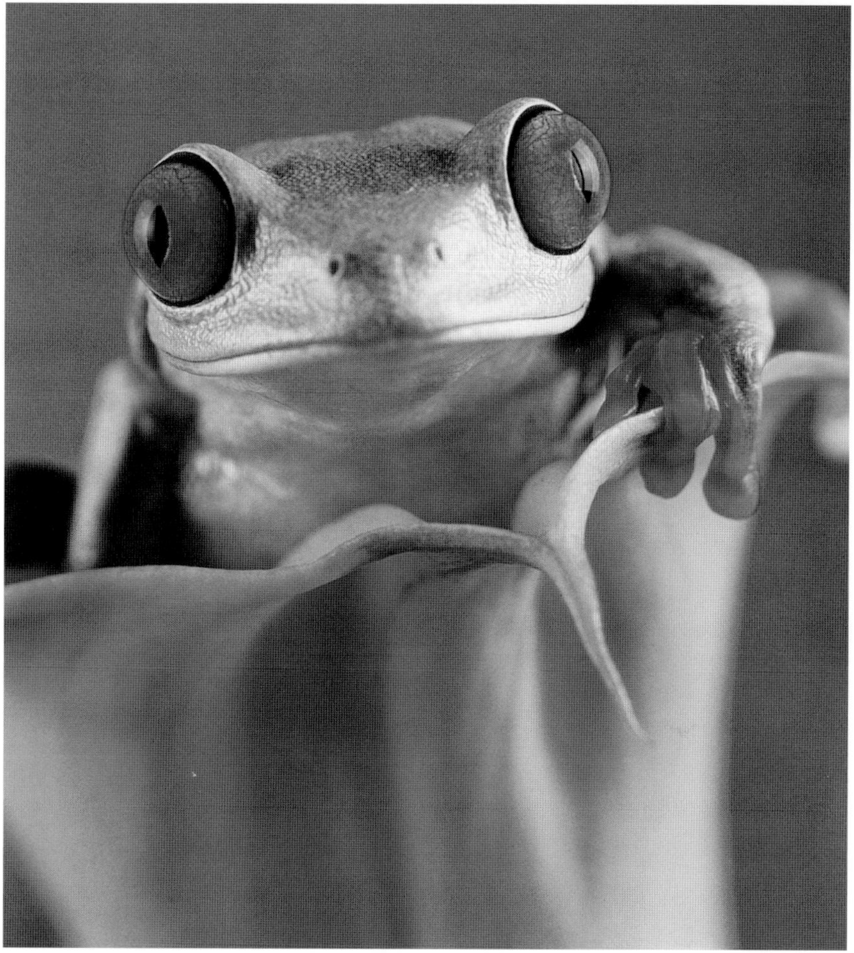

THIS EXTRAORDINARY RELATIONSHIP BEGINS AT

Esta relação extraordinária começa no nascimento, uma experiência que a maioria das mães descreve como estimulante,

BIRTH, AN EXPERIENCE THAT THE MAJORITY OF MOMS DESCRIBE AS STIMULATING,

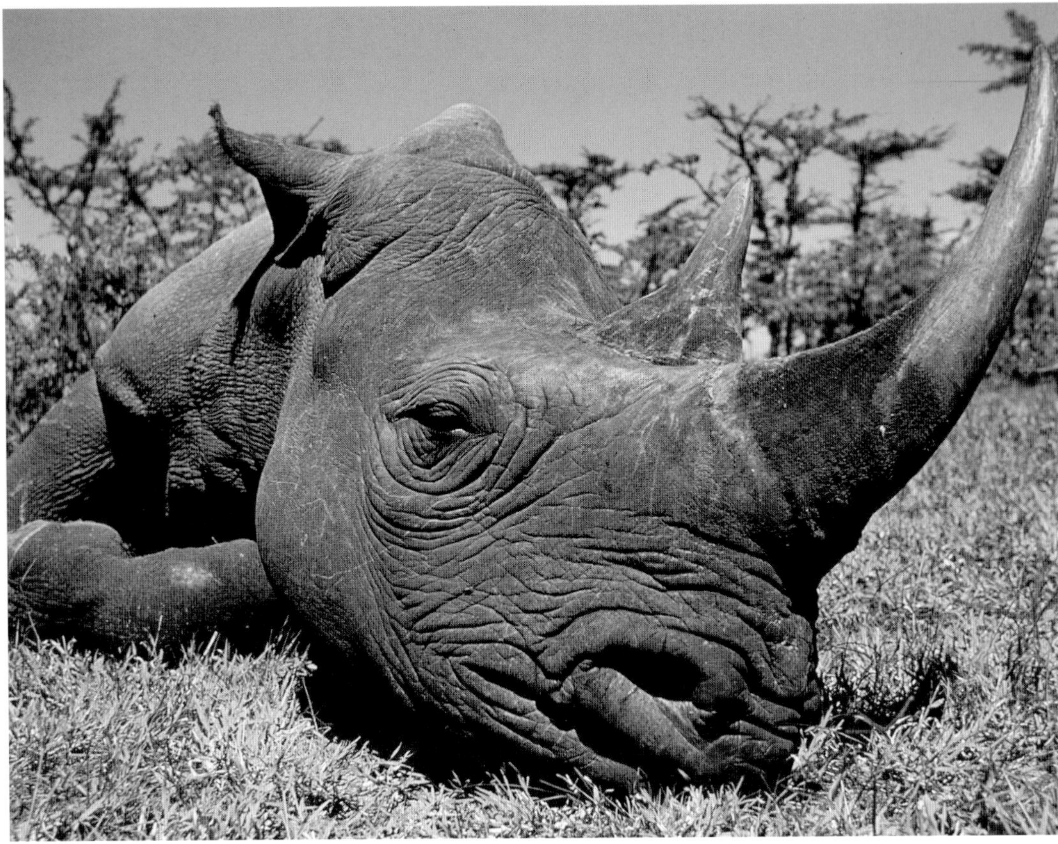

exaustiva,

EXHAUSTING,

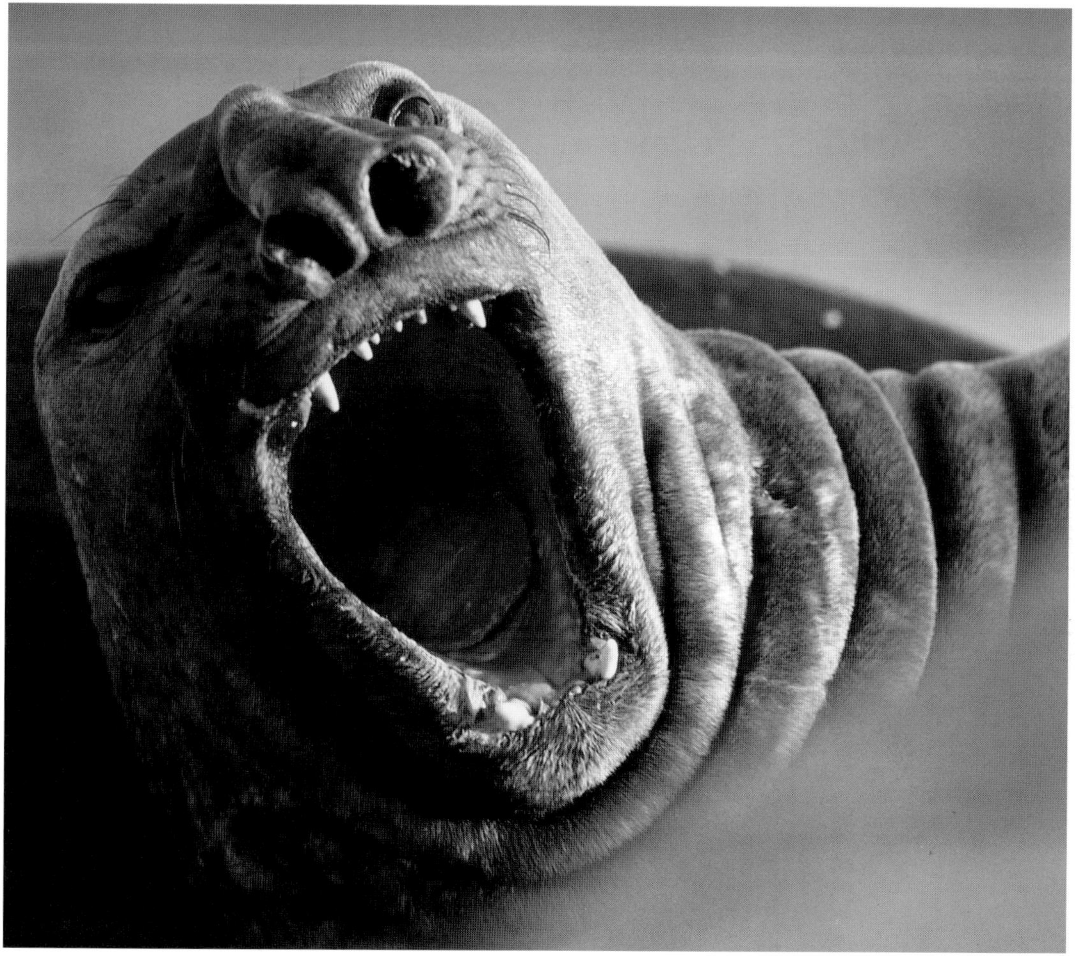

mais dolorosa do que uma martelada no dedão.

MORE PAINFUL THAN HITTING YOUR FINGER WITH A HAMMER

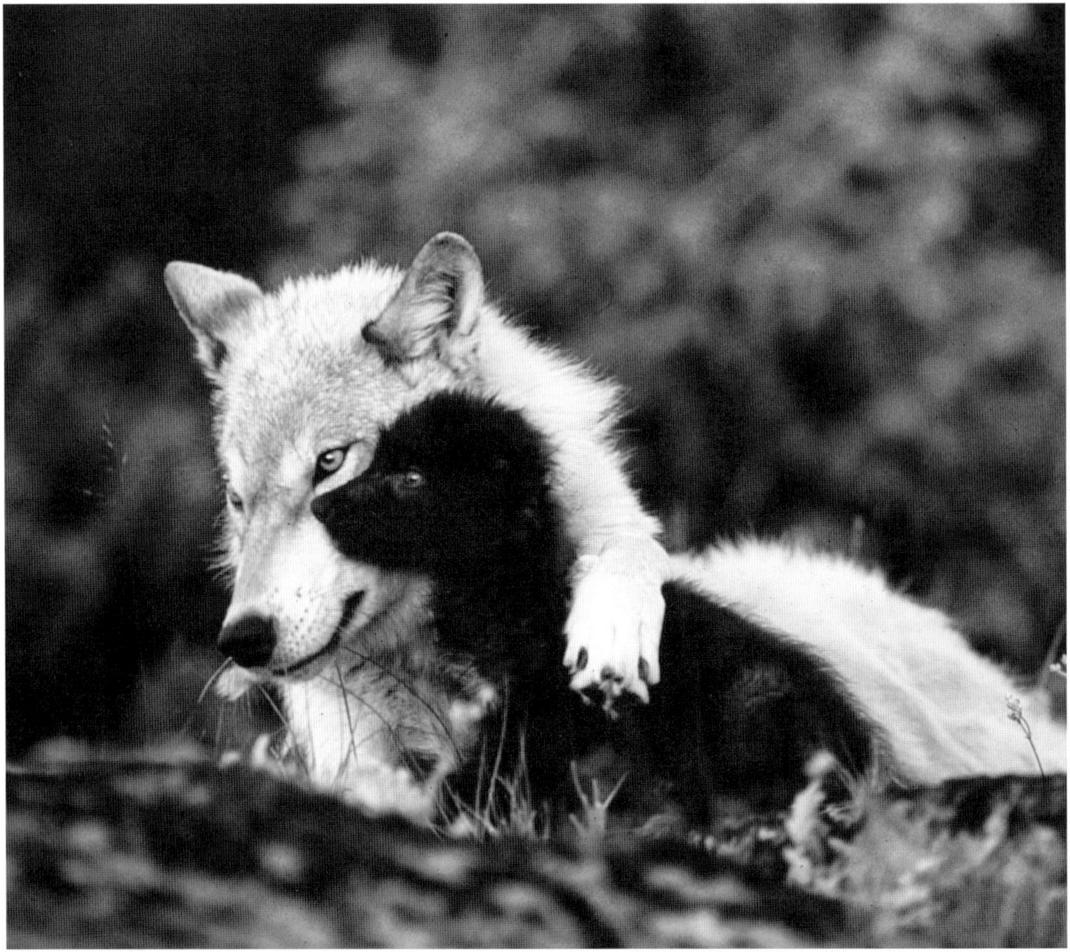

AND YET ITS SO SPECIAL AND SO GRATIFYING THAT

E ainda assim tão especial e gratificante que
não pode ser facilmente descrita em palavras.

IT CAN'T EASILY BE DESCRIBED IN WORDS.

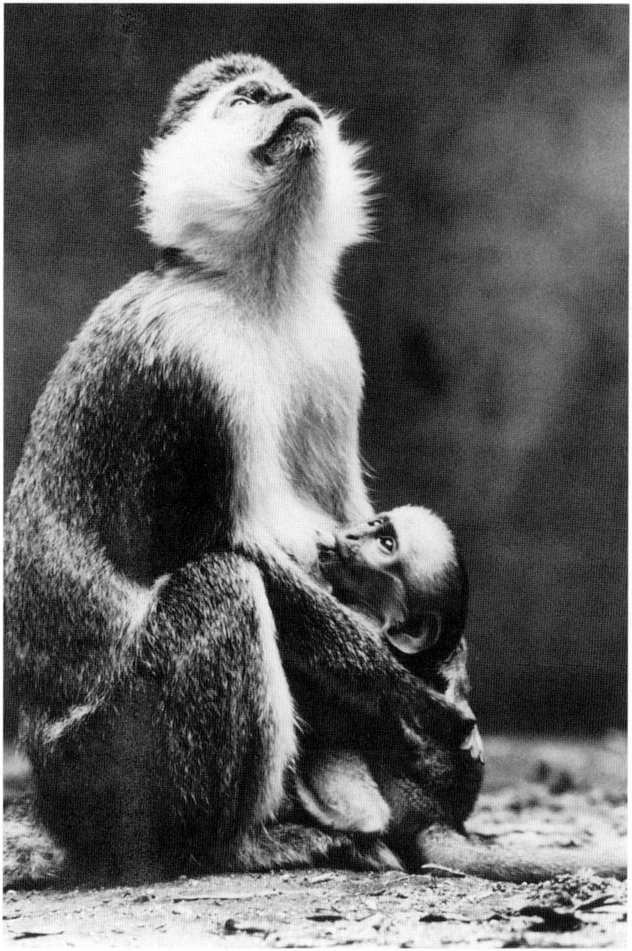

THE OPORTUNITY TO GUIDE A NEW LIFE TO ITS DESTINY

A oportunidade de guiar uma nova vida rumo ao seu destino é, efetivamente, uma dádiva de Deus.

IS, IN ESSENCE, A BLESSING FROM GOD.

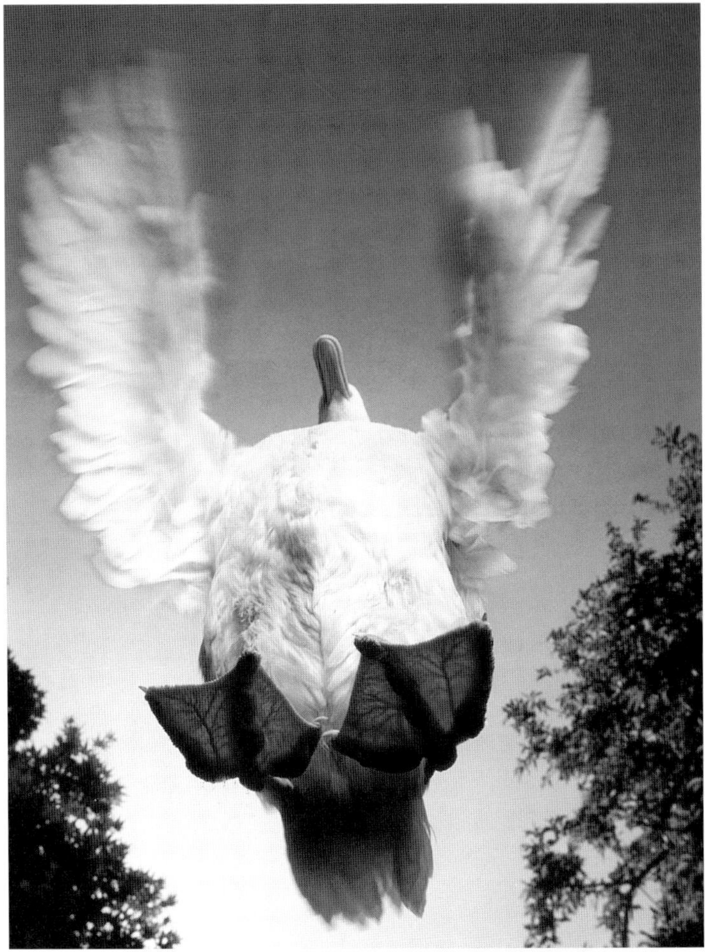

FROM THIS FEELING OF PROFOUND LOVE, MANY MOMS

Diante de um sentimento de amor tão profundo, muitas

mães não conseguem esconder a sua esfuziante alegria.

CAN'T BEGIN TO HIDE THEIR IMMENSE HAPPINESS.

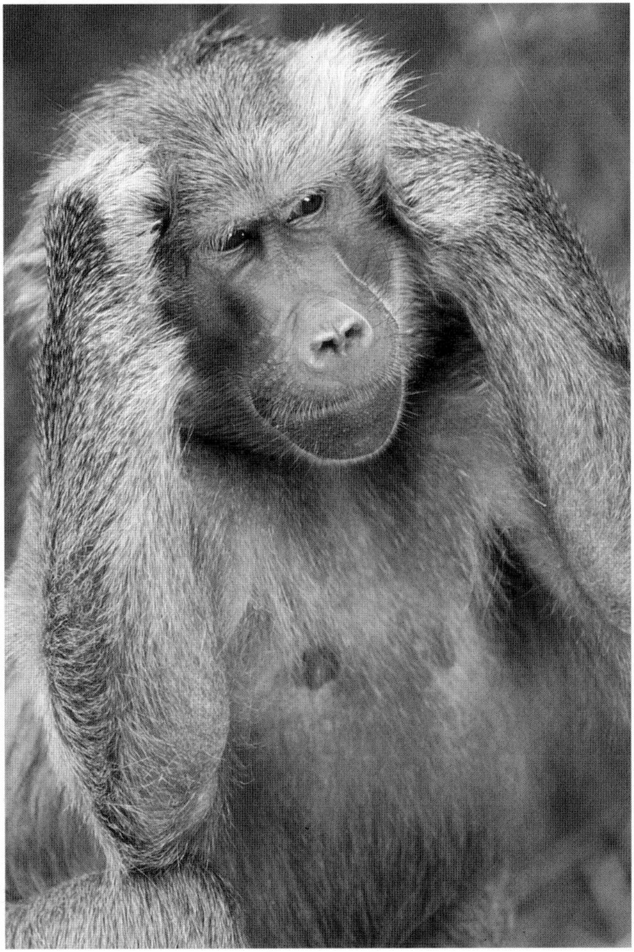

UNTIL THE FIRST CRIES AT 3 IN THE MORNING WHEN

Até que os primeiros berros às três da manhã

as acordem para uma nova realidade.

THEY WAKE TO A NEW REALITY.

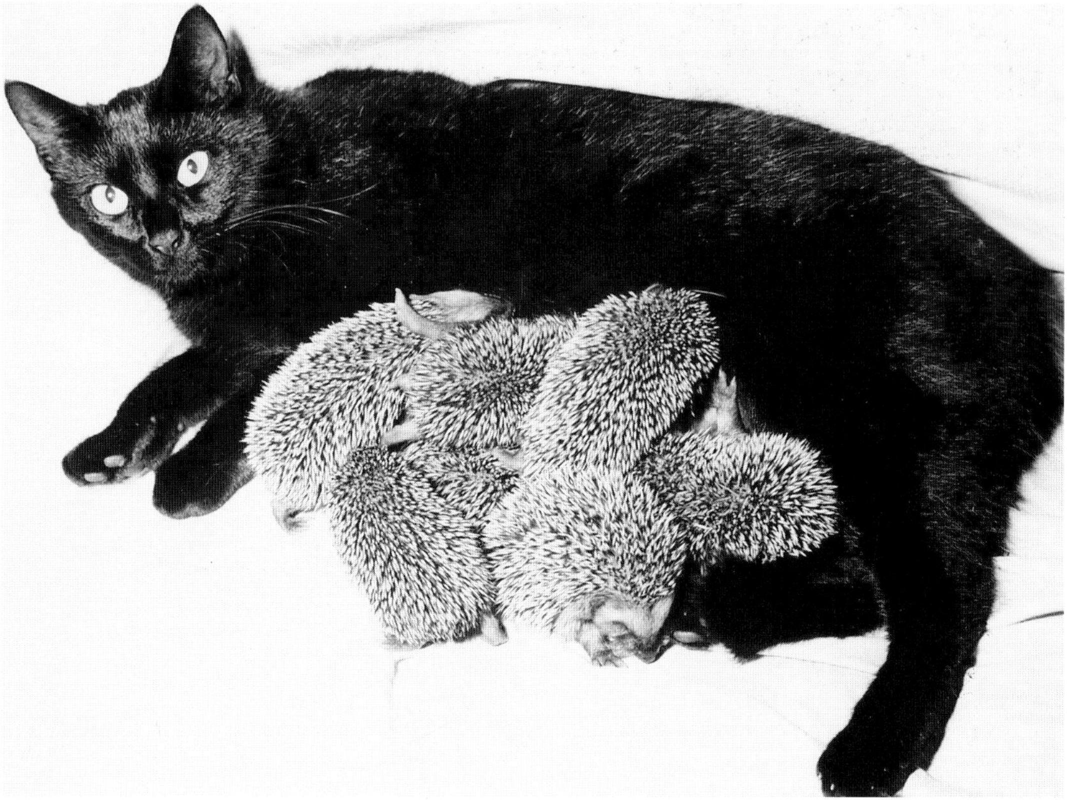

IN WHICH BREAST-FEEDING ISN'T EXACTLY A WALK

Que amamentar não é propriamente um mar-de-rosas.

IN THE PARK.

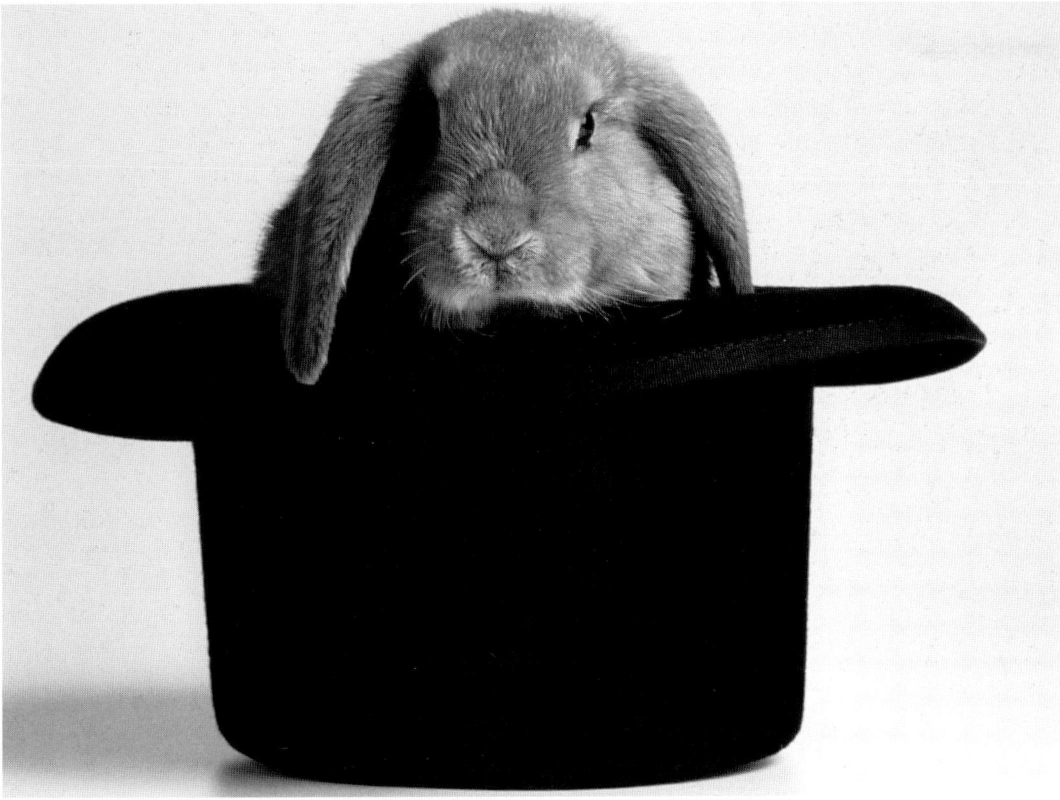

AND, SINCERELY, NOTHING ENDS THE MAGIC OF

E, sinceramente, nada acaba de forma tão brusca
com a mágica da maternidade quanto uma fralda fedorenta.

MATERNITY AS SUDDENLY AS A DIRTY DIAPER.

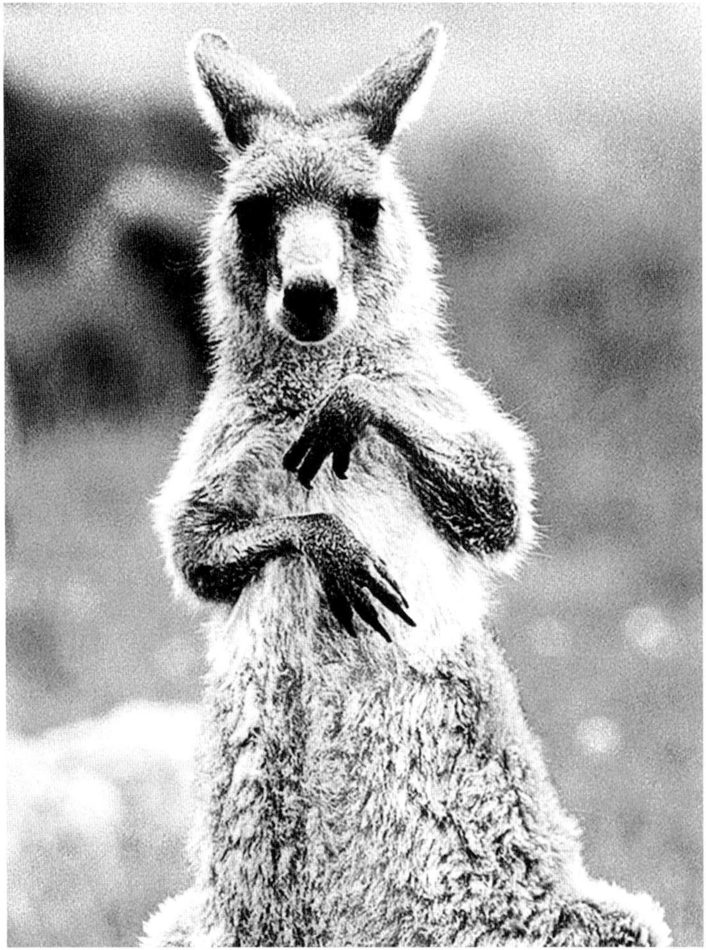

Eca! Eca!! Eca!!!

Yuck! Yuck!! Yuck!!!

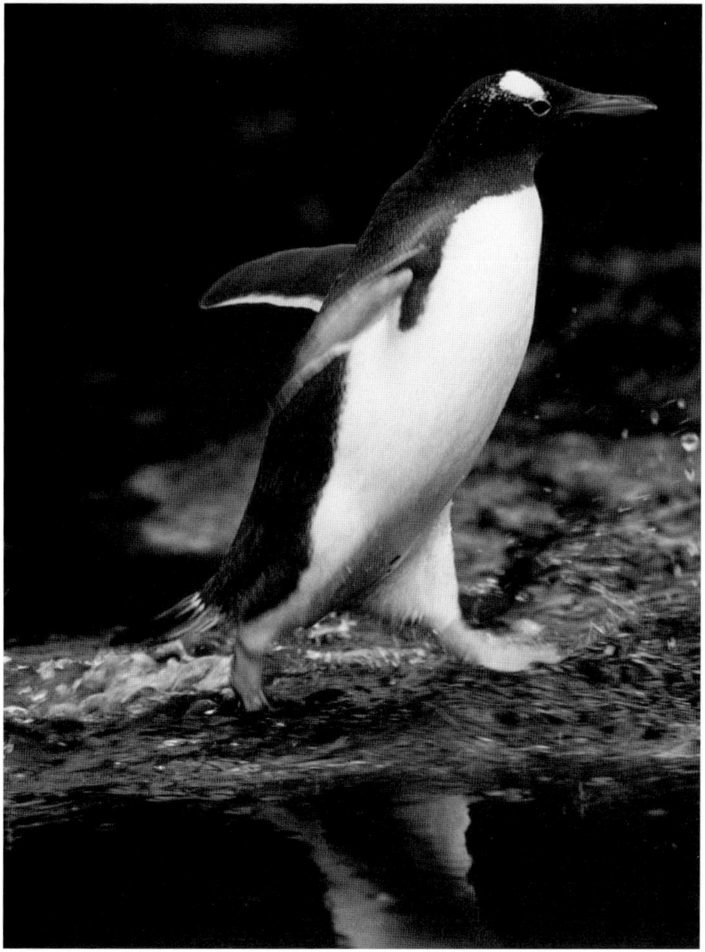

ONCE A MOM HAS A CHILD, HOWEVER, SHE CAN'T

Uma vez que teve seu filho, porém,
uma mãe não pode cair fora

TAKE A BREAK,

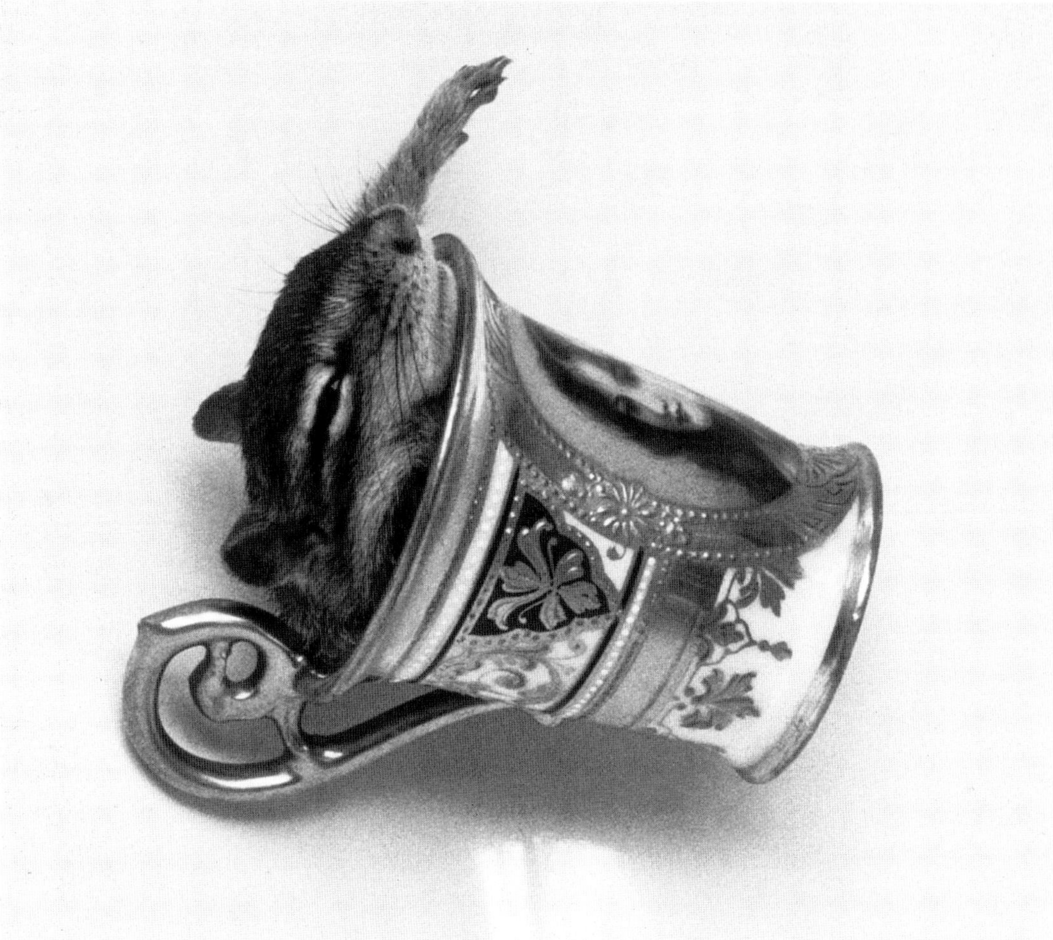

NOR HIDE FROM THE WORLD.

nem se esconder do mundo.

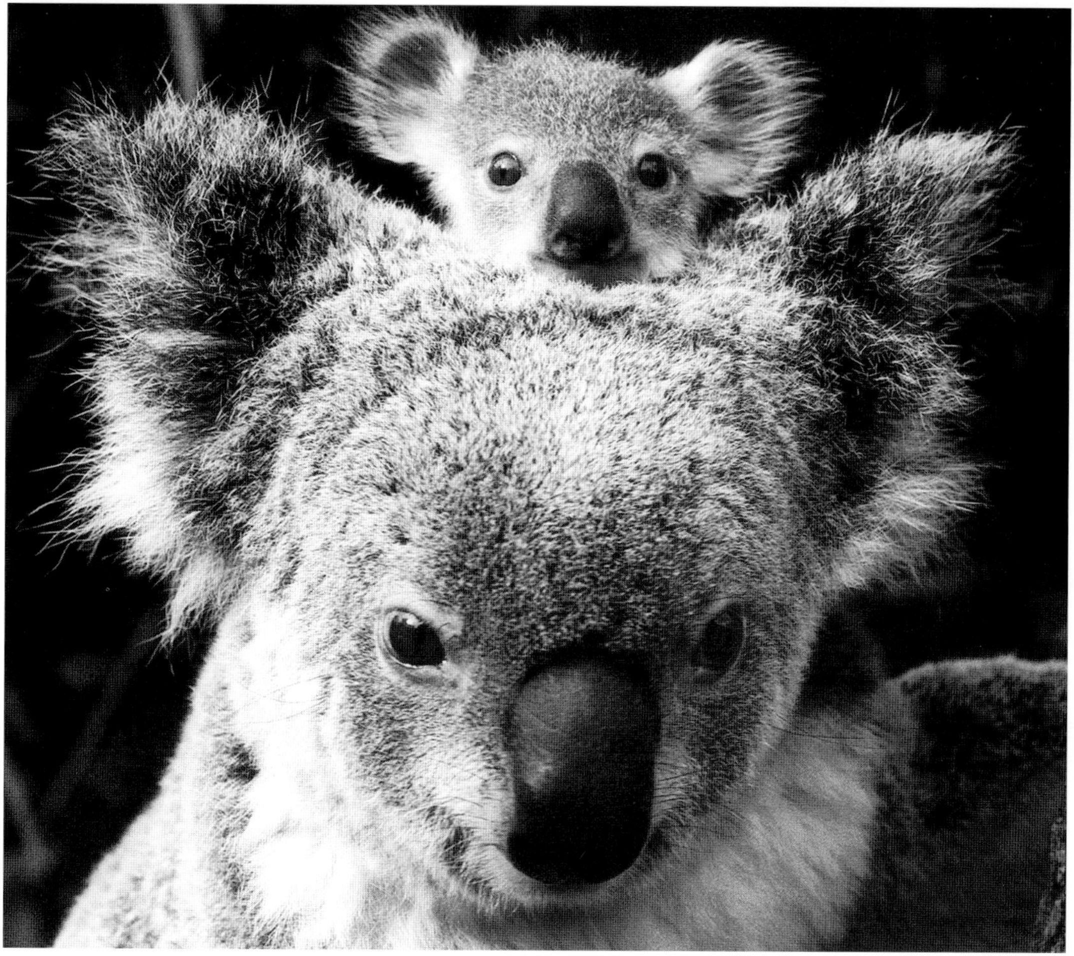

Sua cria estará presente a cada hora de cada
dia pelos próximos anos. Muitos anos!

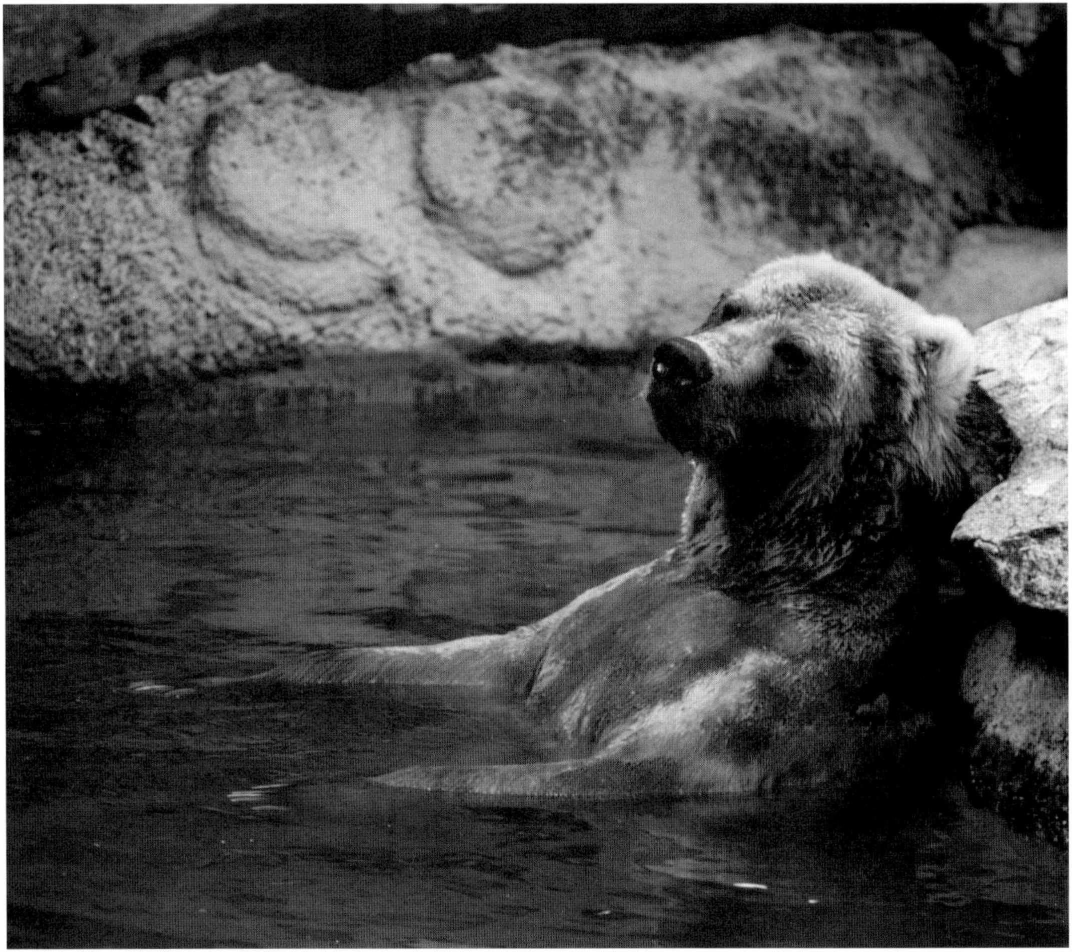

THIS MEANS SAYING GOODBYE TO LONG

Isso significa adeus aos longos banhos de banheira relaxantes,

RELAXING BATHS,

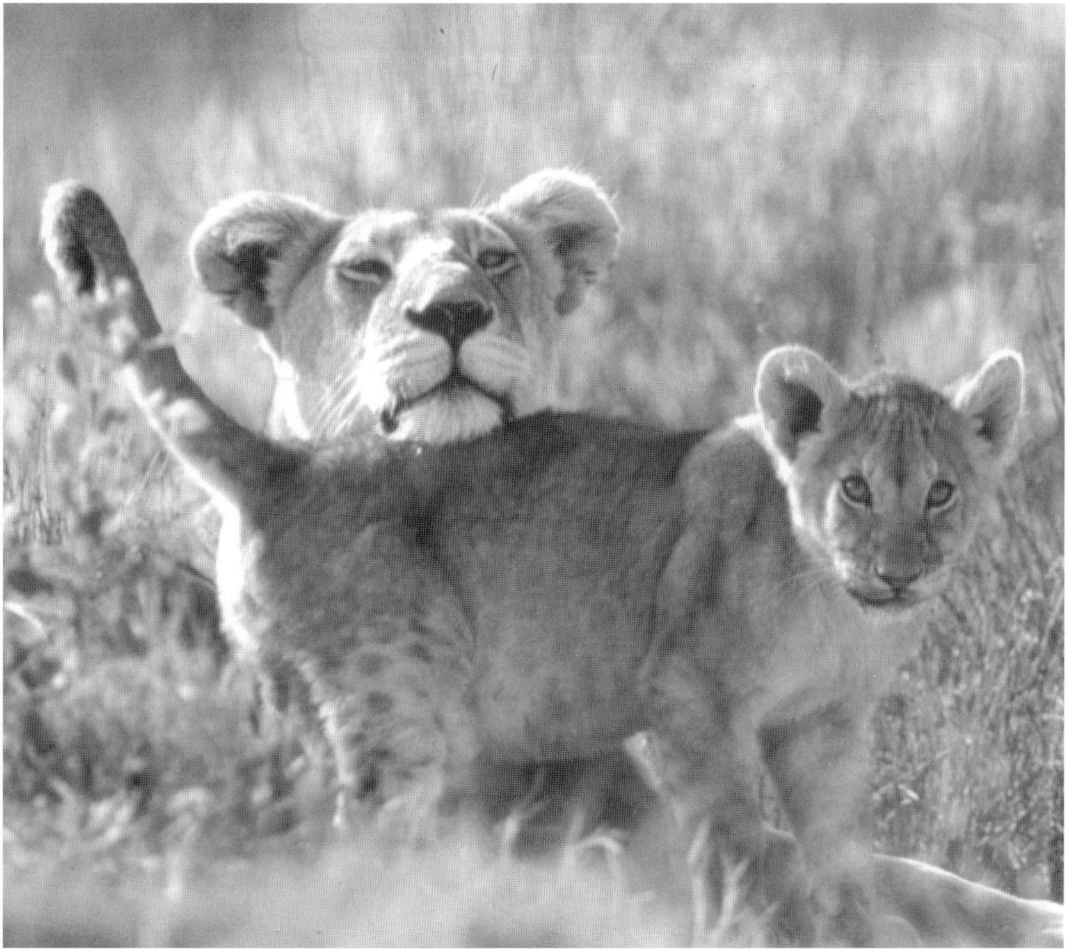

TO FREE AND UNOBSTRUCTED VIEWS OF THE TV

à visão livre e desimpedida da TV

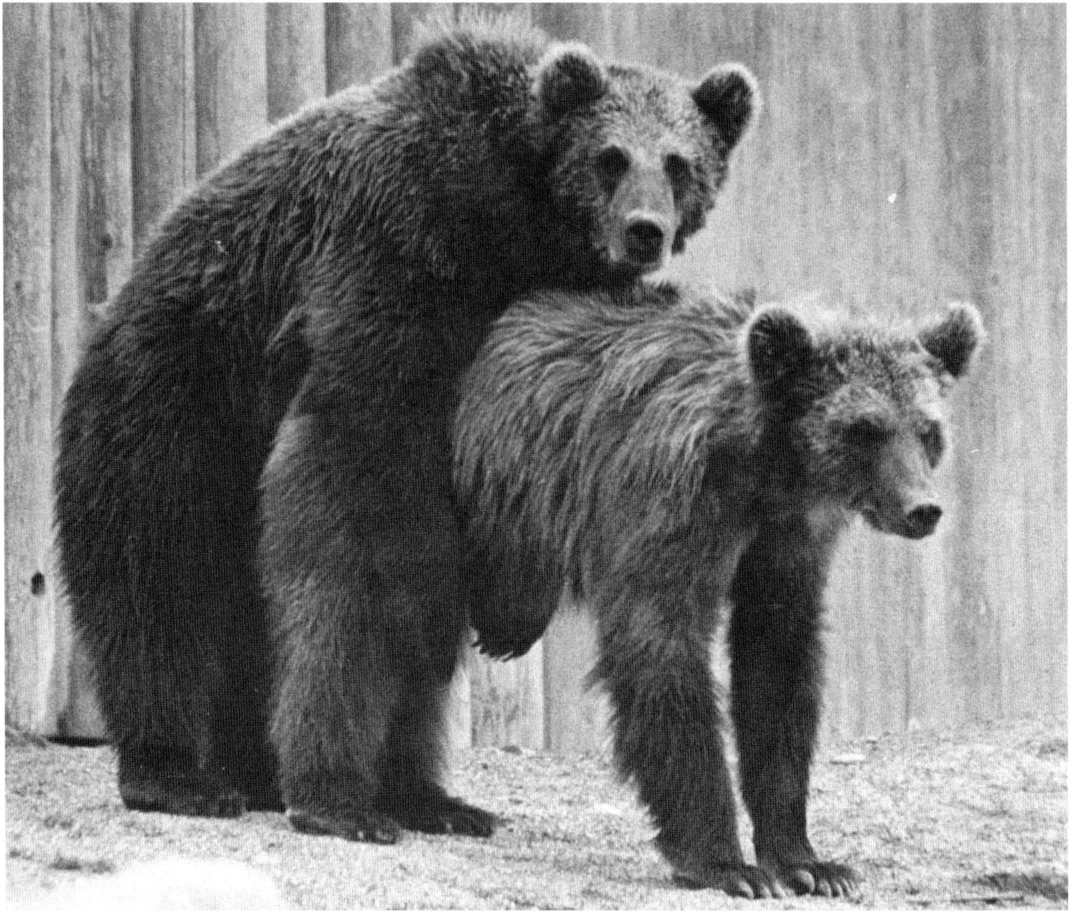

AND NOT TO MENTION INTIMATE MOMENTS WITHOUT

e, nem é preciso dizer,
aos momentos de intimidade
sem interrupções inesperadas.

UNEXPECTED INTERRUPTIONS.

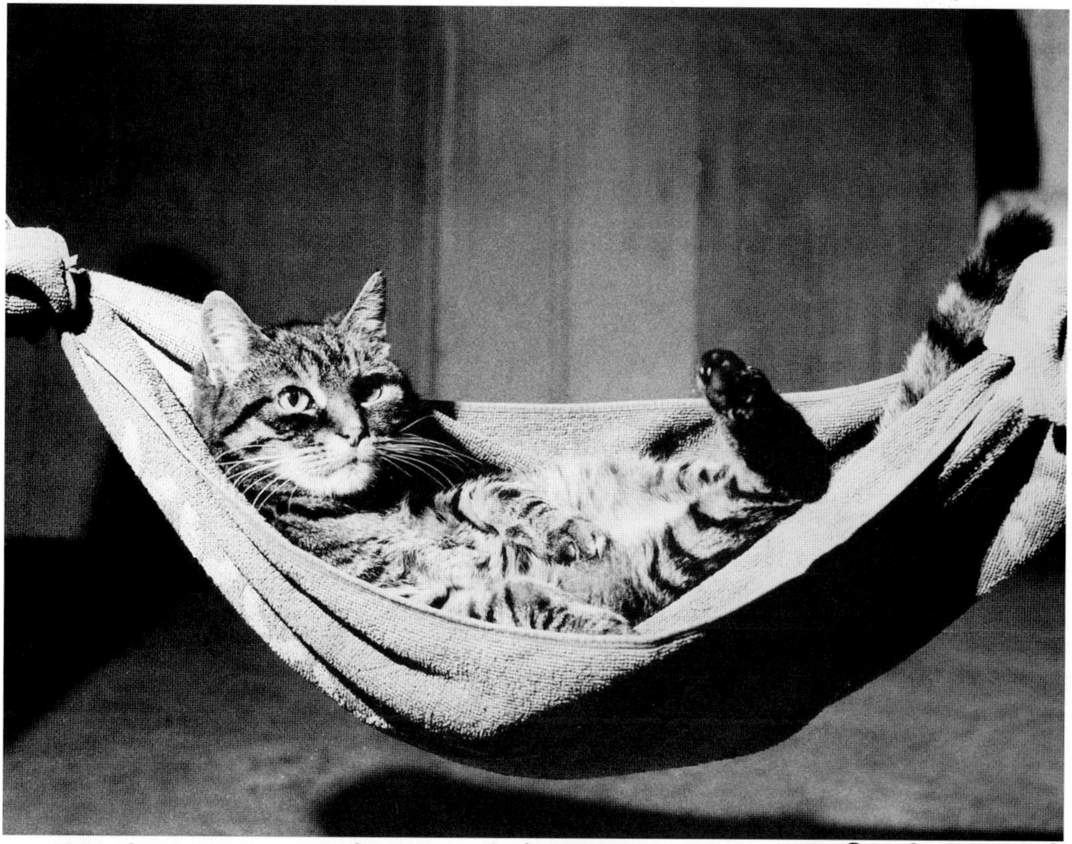

A partir do momento em que dá à luz, uma mãe nunca mais pode
esticar as pernas para o alto e descansar, tranqüila,
sem ouvir constantes pedidos de atenção e o inconfundível som
de preciosidades quebradas por crianças à solta.

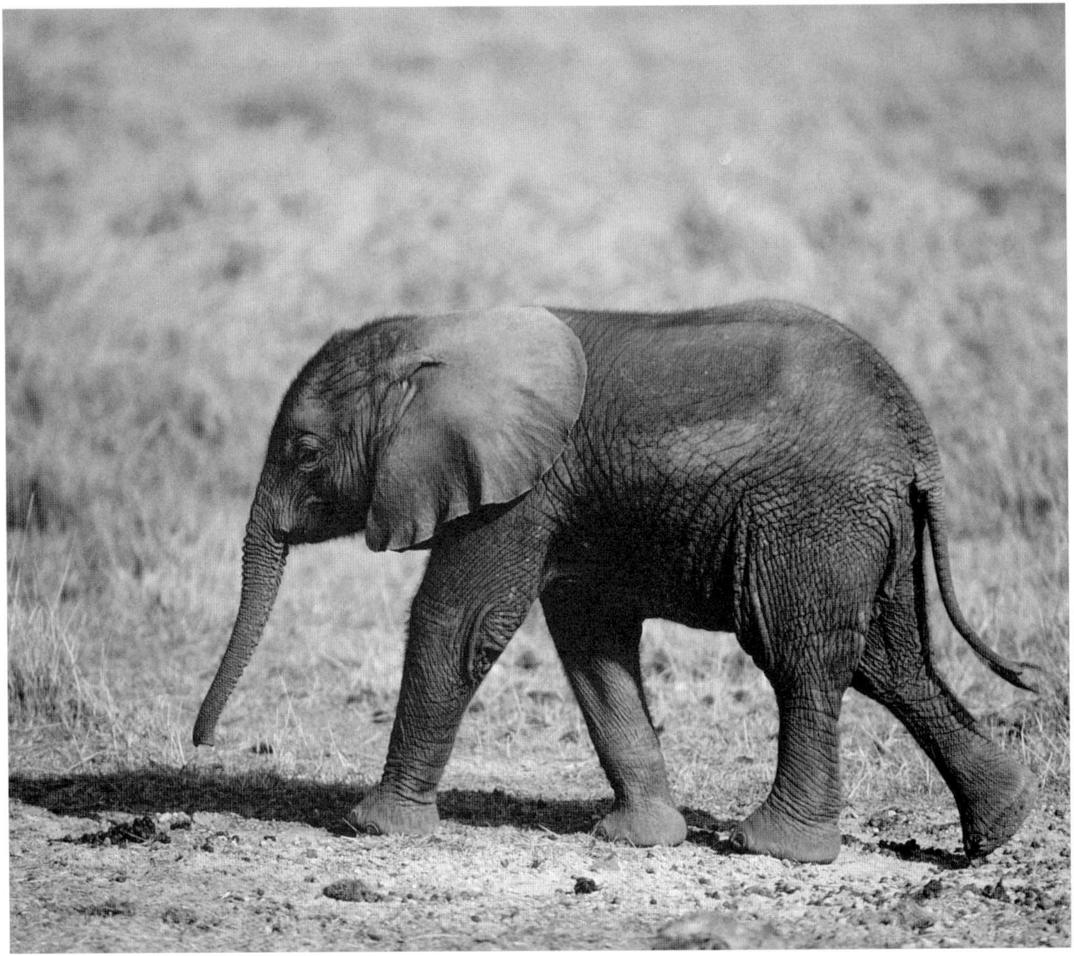

THE SOUND OF LITTLE FEET RUNNING THROUGH THE

O barulho de pezinhos minúsculos correndo pela
casa passa a ser um som tenebroso.

HOUSE QUICKLY BECOMES A NERVERACKING SOUND.

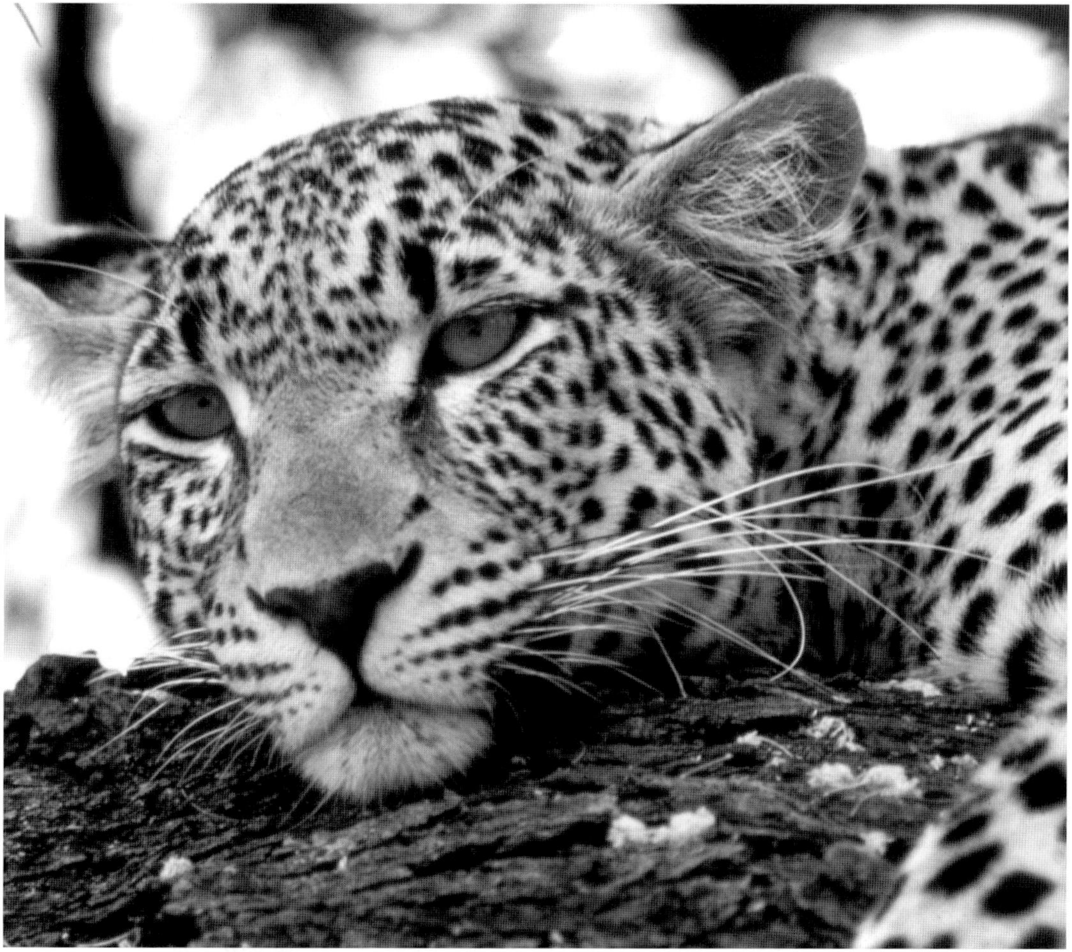

FOR A NEW MOM, MONDAYS ARE DEATHLY TIRING.

Para a nova mãe, as segundas-feiras
são mortalmente cansativas.

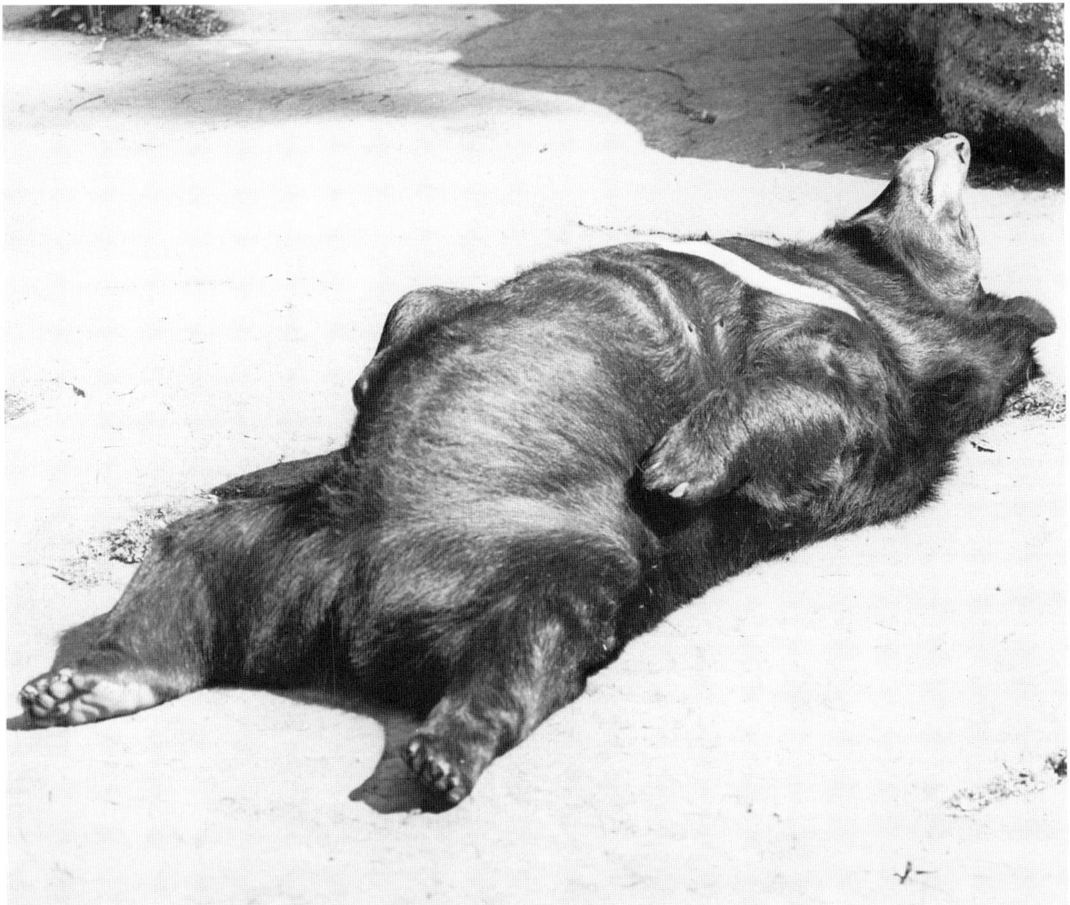

TUESDAYS, WEDNESDAYS, THURSDAYS AND FRIDAYS

Terças, quartas, quintas e sextas são piores ainda.

E os fins de semana?!

ARE WORSE YET. AND WEEKENDS?!

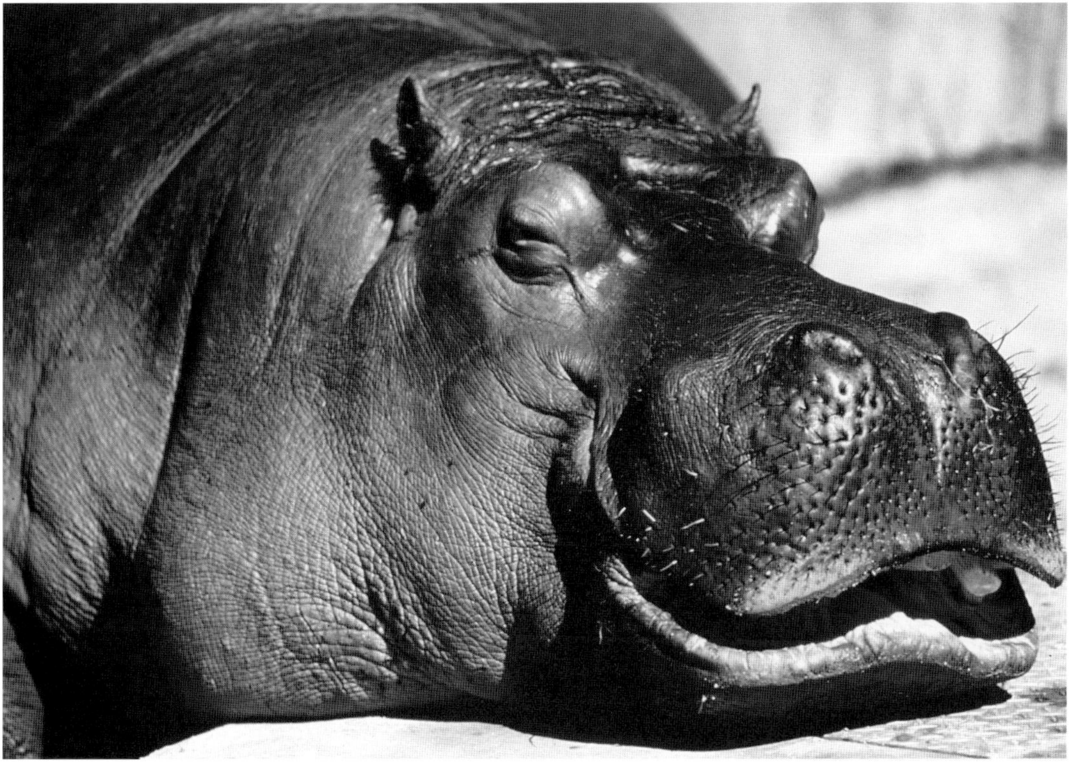

"YOU DON'T EVEN WANT TO KNOW!"

"Nem queiram saber!"

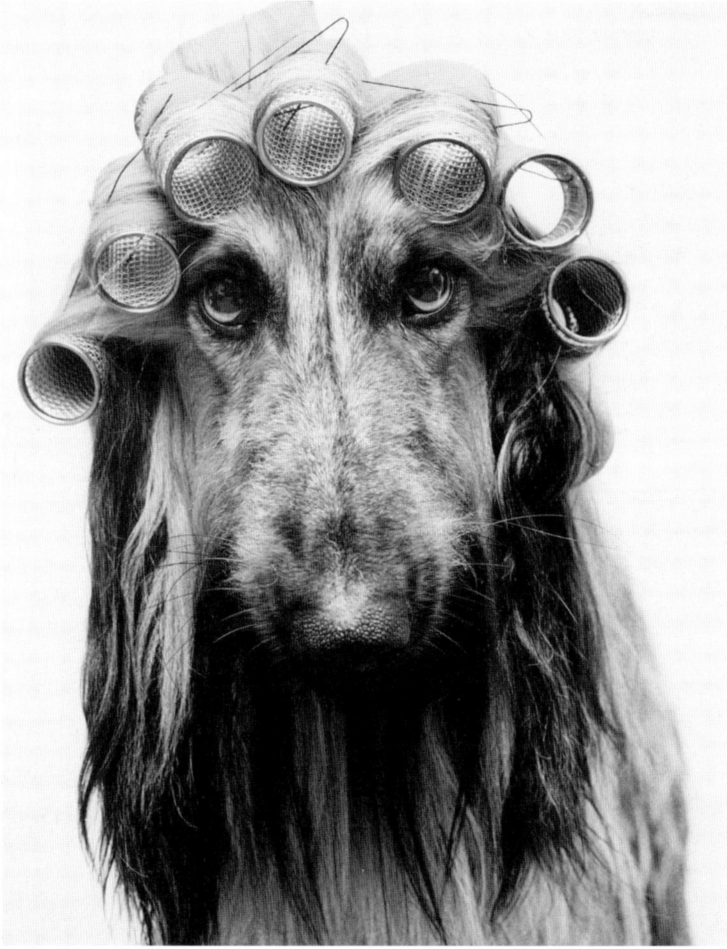

EACH MORNING, MOTHERS WAKE TO A NEW BATTLE.

A cada manhã, a mãe desperta para uma nova batalha.

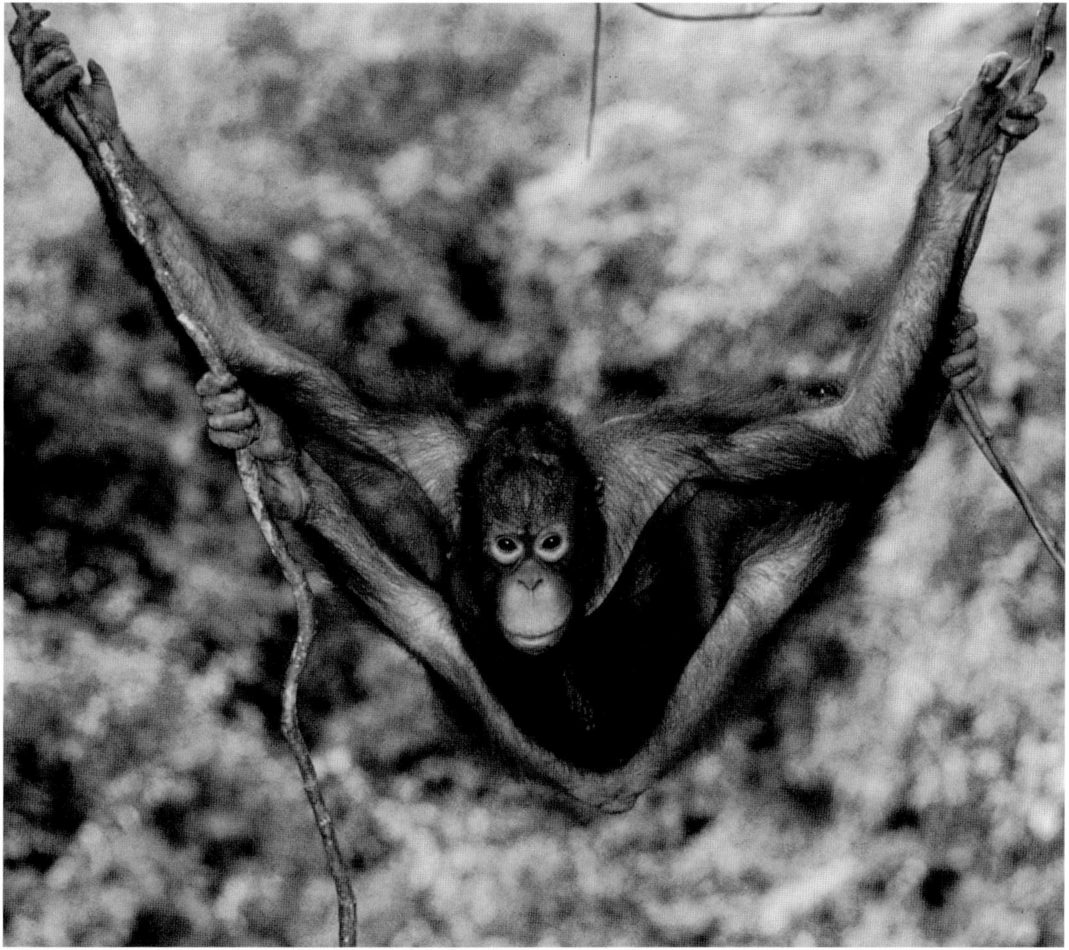

THERE SIMPLY ARE NO LIMITS TO THE DANGER

Simplesmente não há limites para o perigo

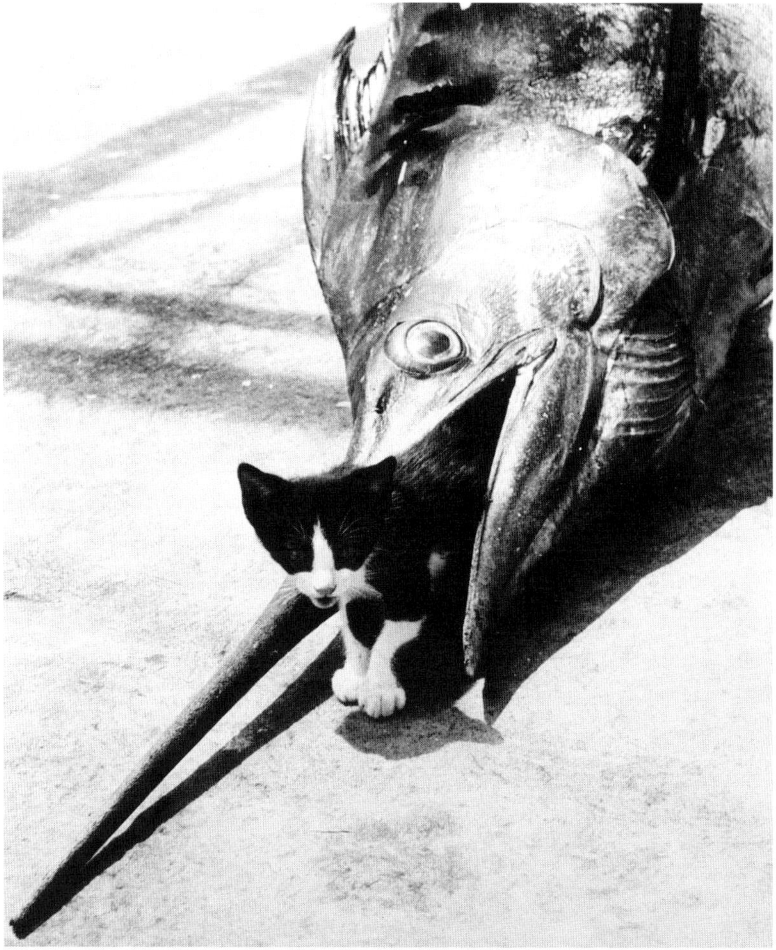

NOR THE STRANGENESS OF THE SITUATIONS IN WHICH

e para a esquisitice das situações

em que as crianças conseguem se meter.

CHILDREN SEEM TO GET THEMSELVES INTO.

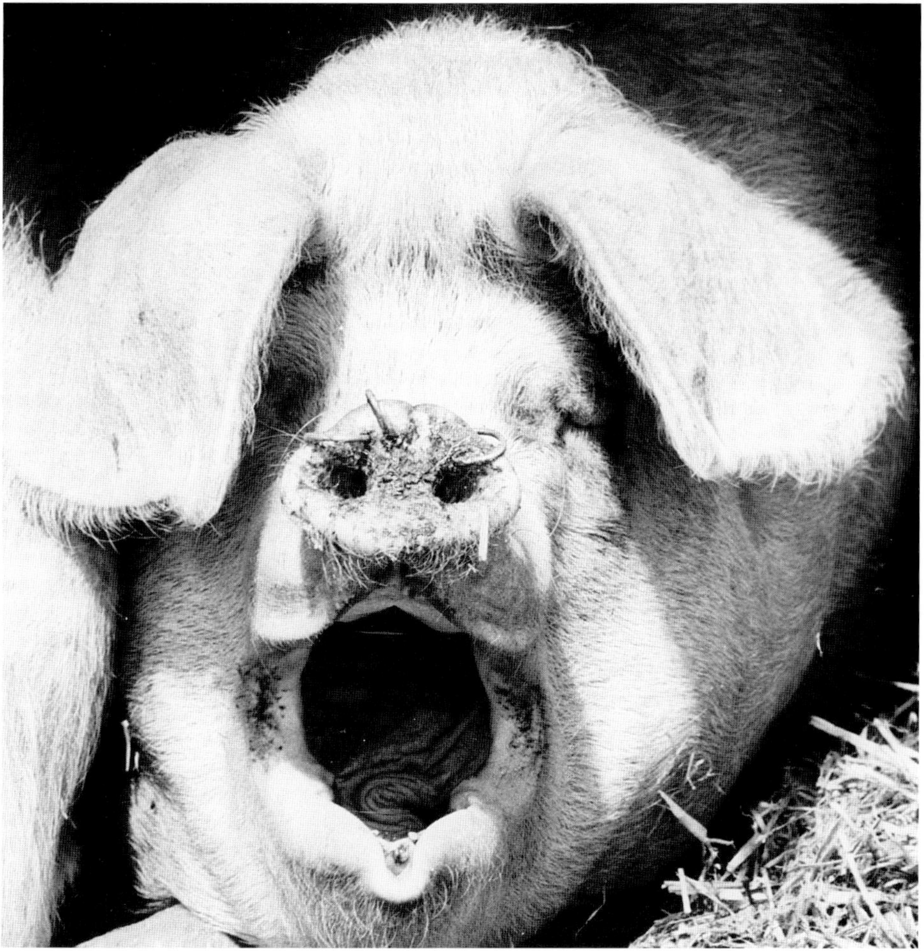

AT TIMES, A MOTHER'S VOCABULARY SEEMS TO BE

Às vezes, o vocabulário materno parece se restringir
a uma única frase: "Ai, meu Deus...!"

RESTRICTED TO ONE SENTENCE: "OH, MY GOD...!"

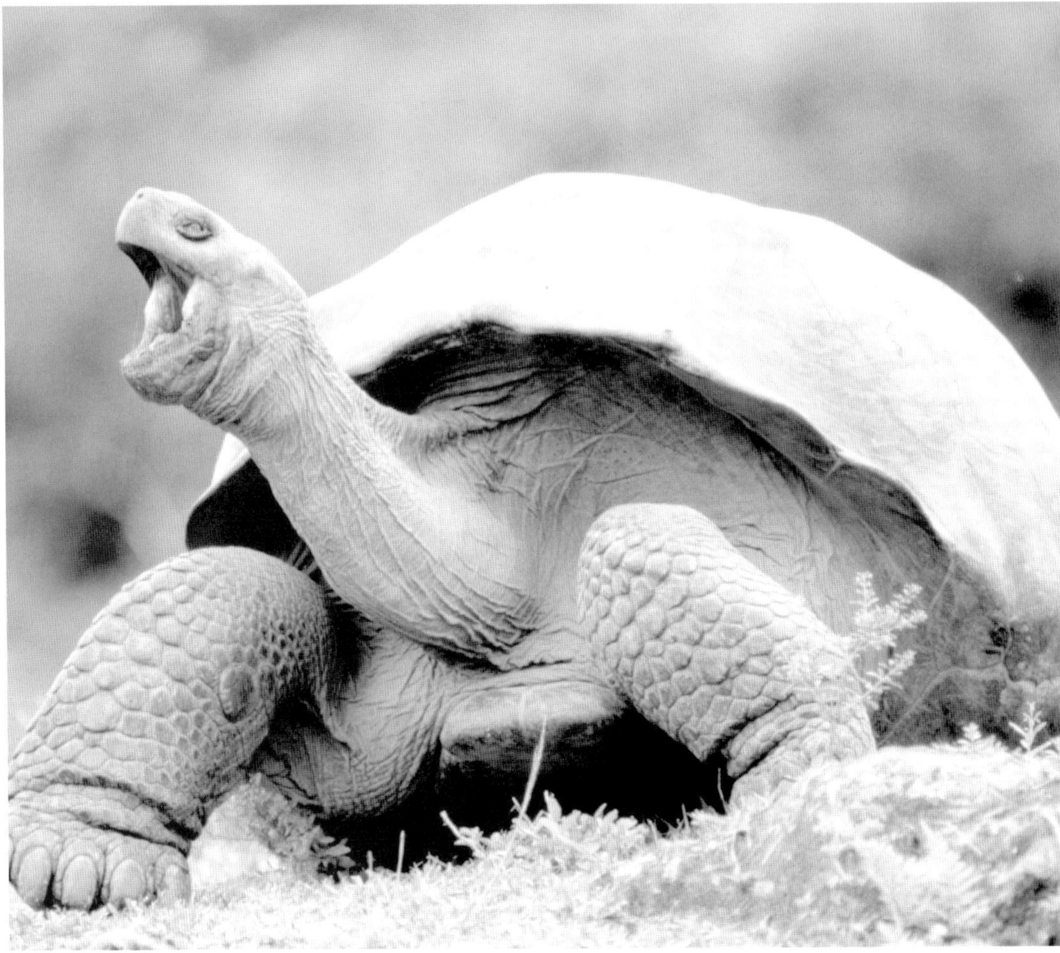

OR: "PUT THAT DOWN!"

Ou: "Desçam já daí!"

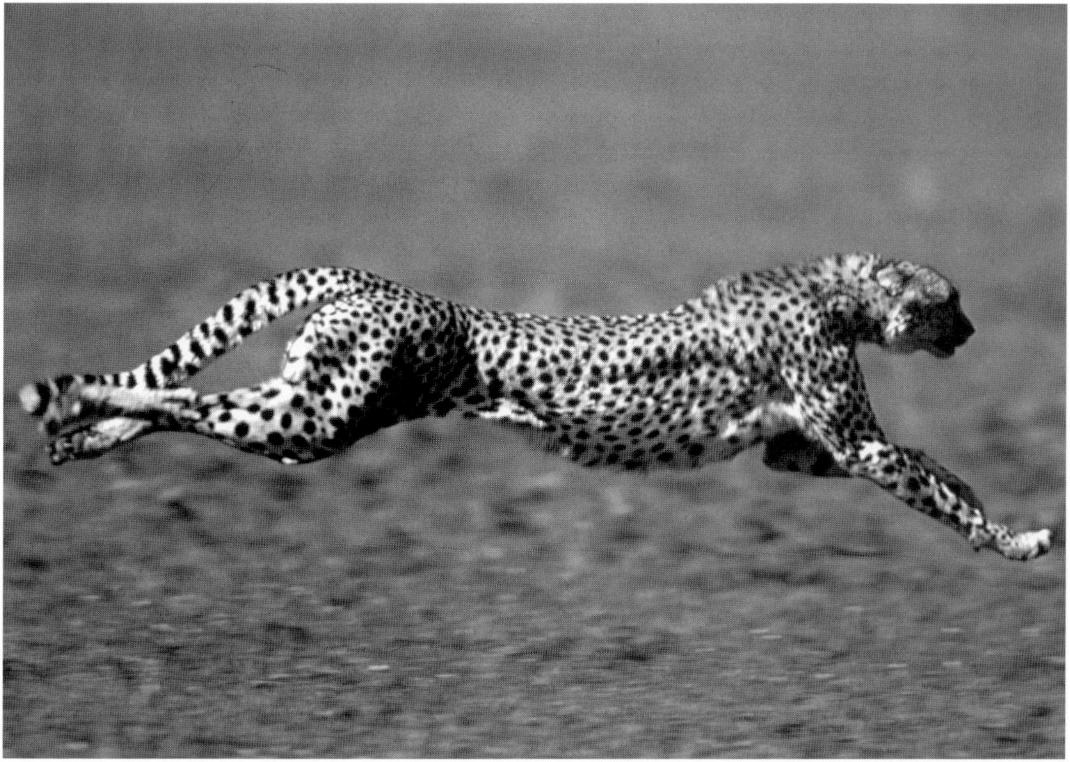

TO SAVE HER CHILDREN FROM THEIRSELVES.
SHE SPENDS THE DAY RUNNING EVERY WHICH WAY.

Para salvar as crianças de si mesmas,
ela vai passar o dia correndo de um lado para o outro.

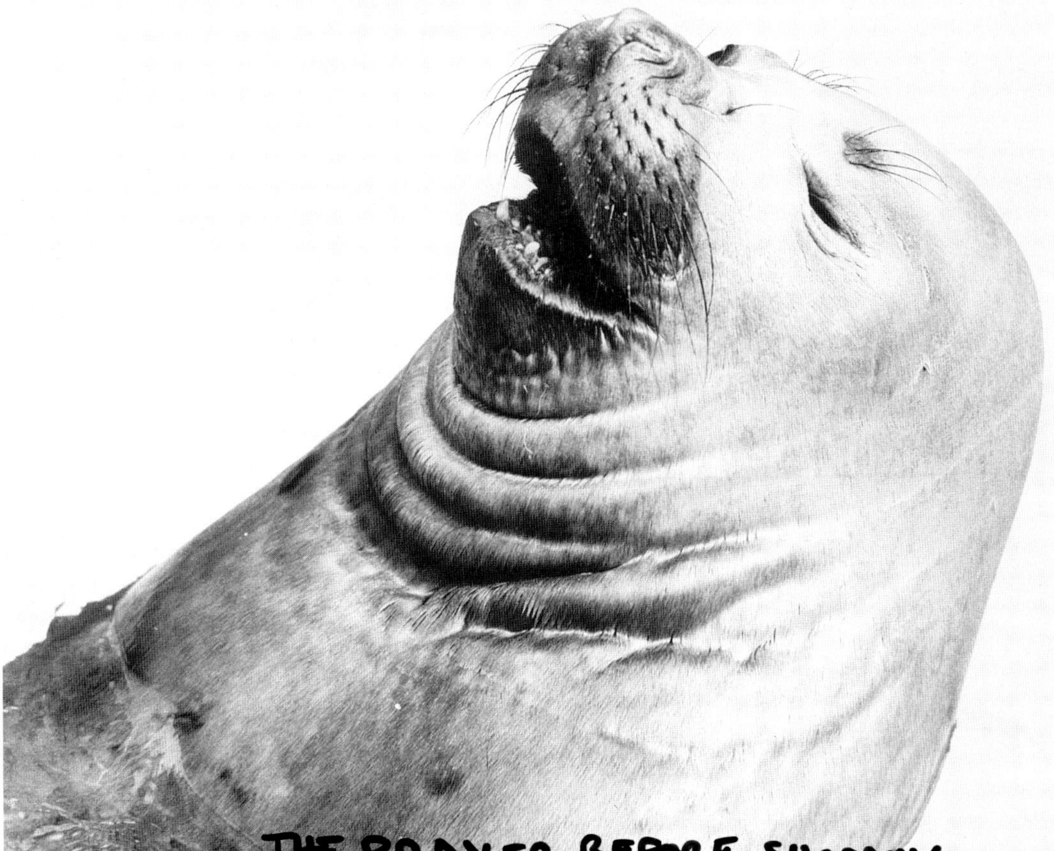

THE PRAYER BEFORE SHOPPING

A ORAÇÃO DAS COMPRAS

"Permita, Senhor, que eu consiga fazer as compras rapidamente sem passar por um vexame igual ao que a gente deu semana passada na área dos congelados. Amém."

"PERMIT ME, LORD, TO SHOP QUICKLY SHOP WITHOUT THE HUMIL
WE HAD LAST WEEK IN THE FREEZER SECTION. AMEN."

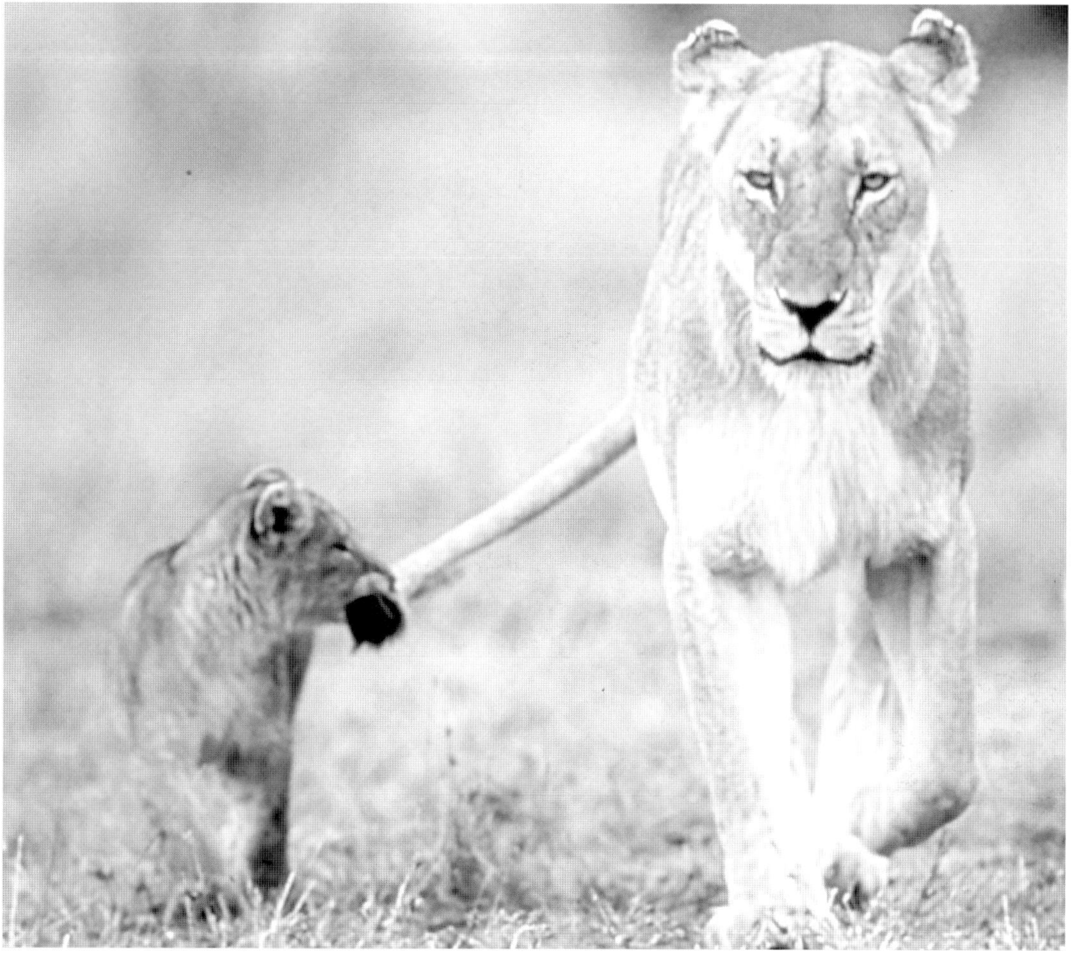

SHOPPING WITH CHILDREN INVOLVES THREE THINGS.

Fazer compras com crianças envolve três coisas.

Primeiro, entrar e sair de lojas de brinquedos o tempo todo.

FIRST, CONTINUOUSLY GOING IN AND OUT OF TOY STORES.

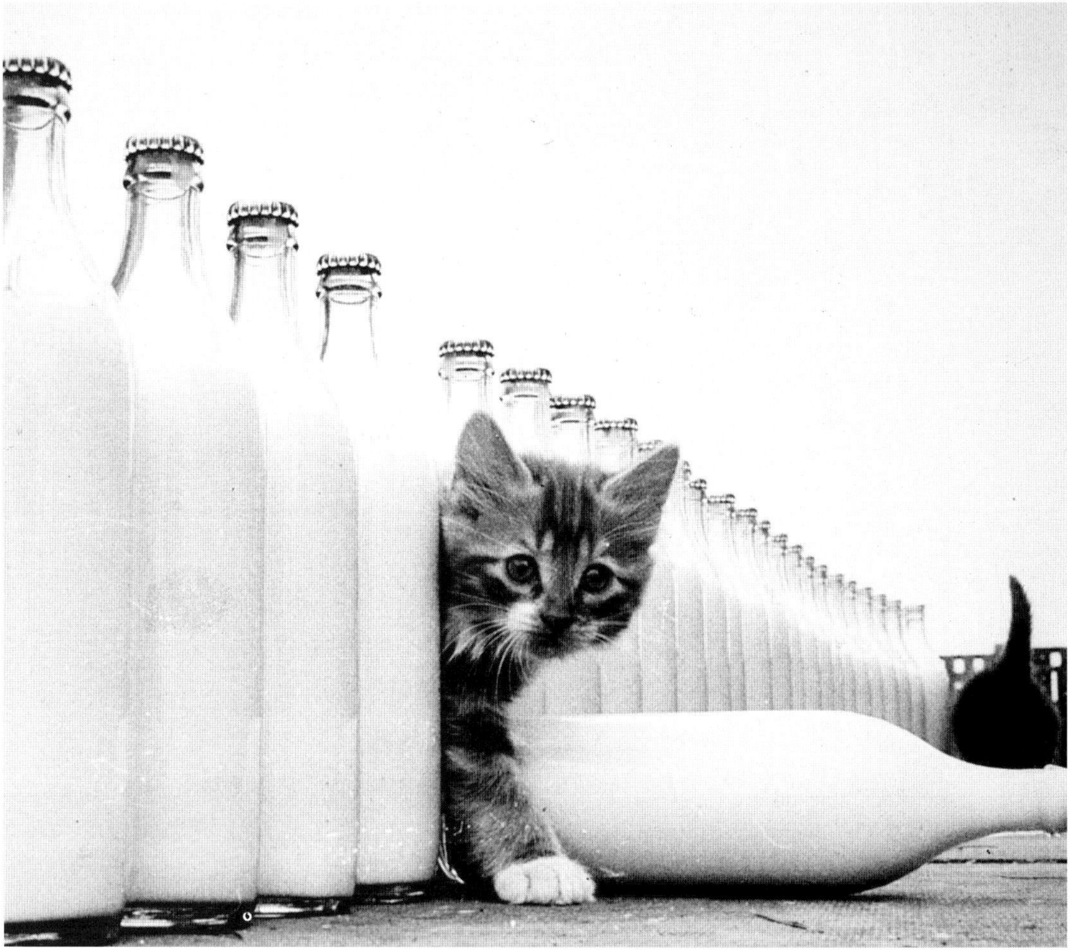

SECOND, CHILDREN RUNNING + MISBEHAVING THROUGH THE

Segundo, crianças correndo indisciplinadamente pelas lojas,
derrubando tudo e criando a maior confusão,

STORES, KNOCKING EVERYTHING OVER AND CAUSING LOTS OF CONFUSION,

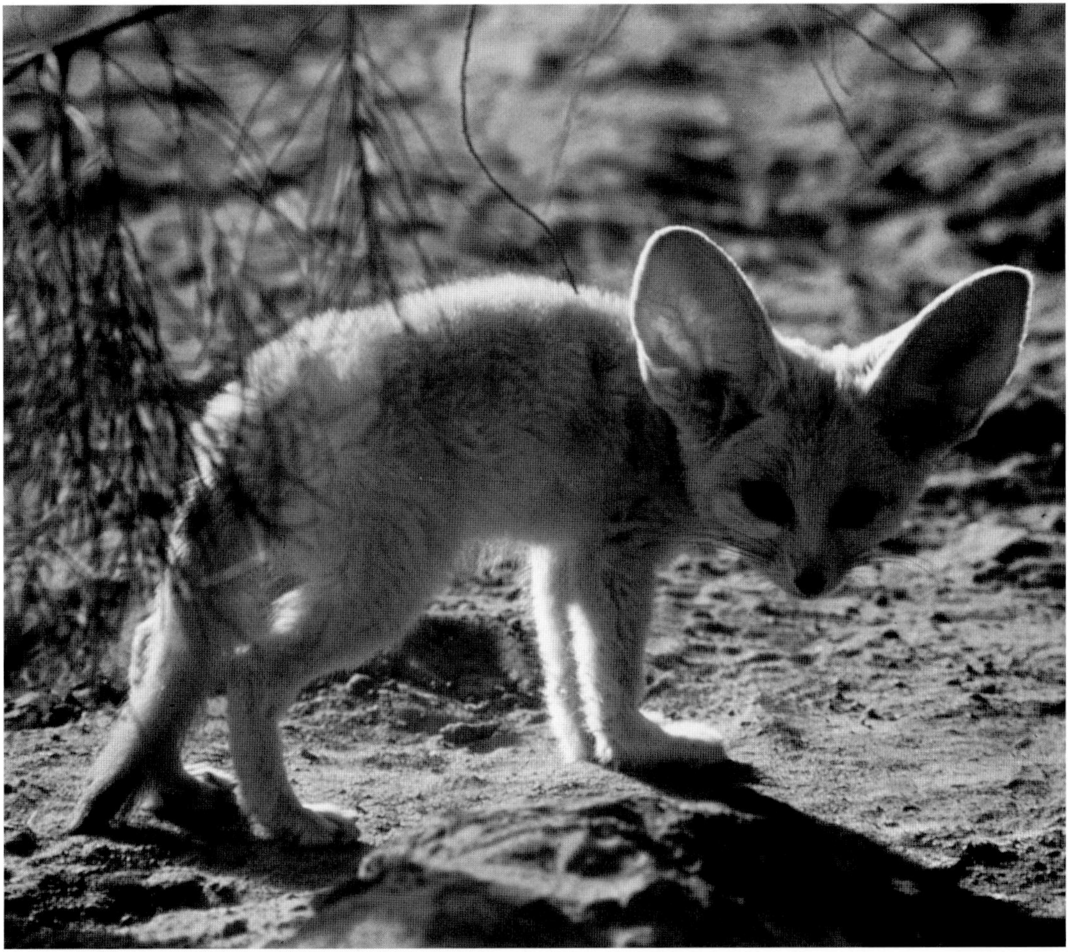

THAT HAPPENS WHEN AT LEAST ONE OF THEM GOES

o que faz com que pelo menos uma delas

se perca completamente no shopping.

COMPLETELY MISSING WHILE SHOPPING.

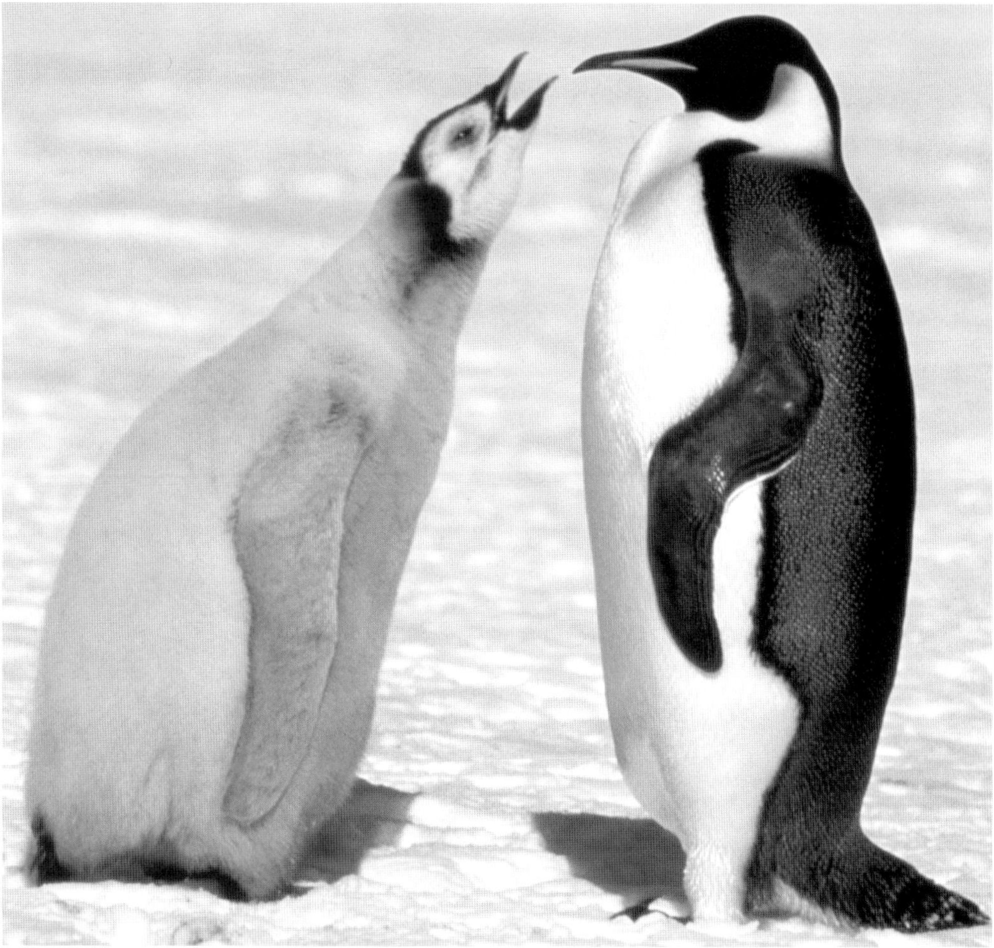

FINALLY, TO GO SHOPPING WITH CHILDREN AND HEAR

Finalmente, fazer compras com crianças é ouvir, sem parar:

"Maaaanhêêê, me dá um sorvete?"

WITHOUT END: "Mommmmy, can I have an icecream?"

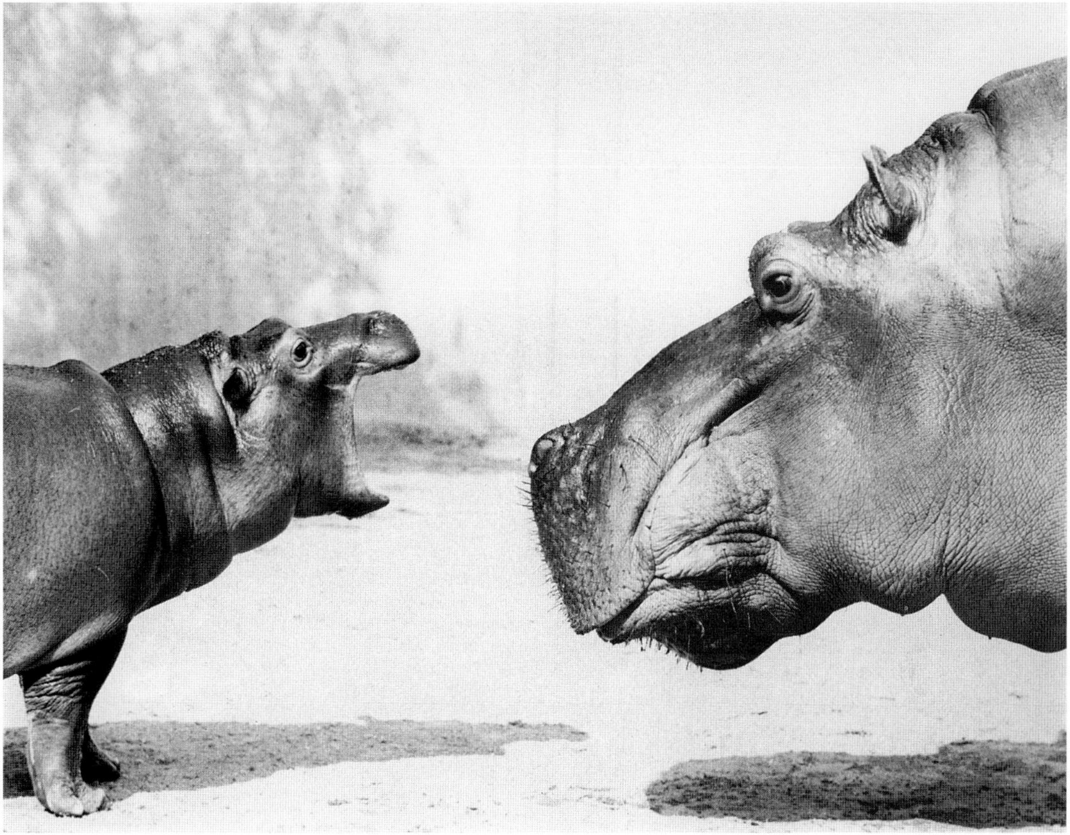

"I want an ice cream!"

"Eu quero um sorvete!"

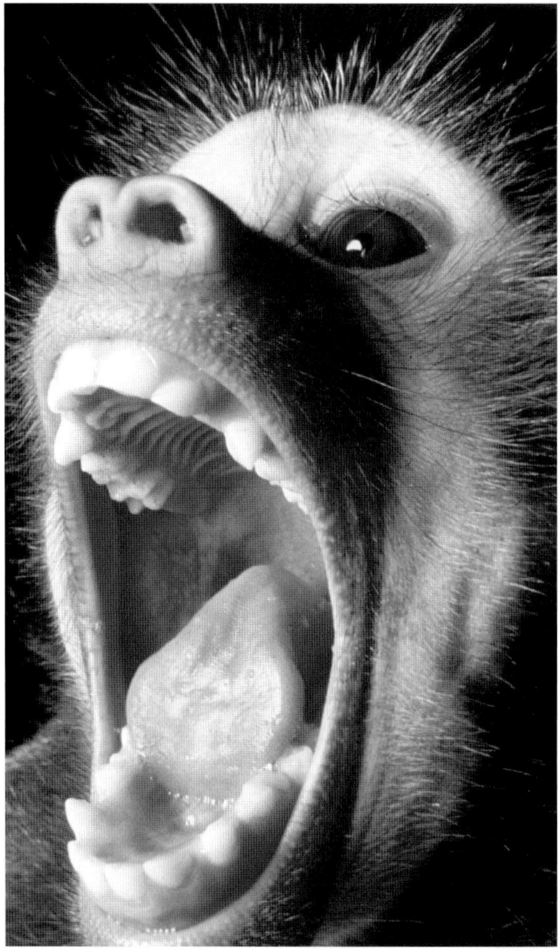

"Ice cream! Ice cream! Ice cream! Ice cream!

"Sorvete! Sorvete! Sorvete! Sorvete! Sorvete! Sorvete!

Sorvete! Sorvete! Sorvete! Sorvete!..."

Ice cream! Ice cream! Ice cream!..."

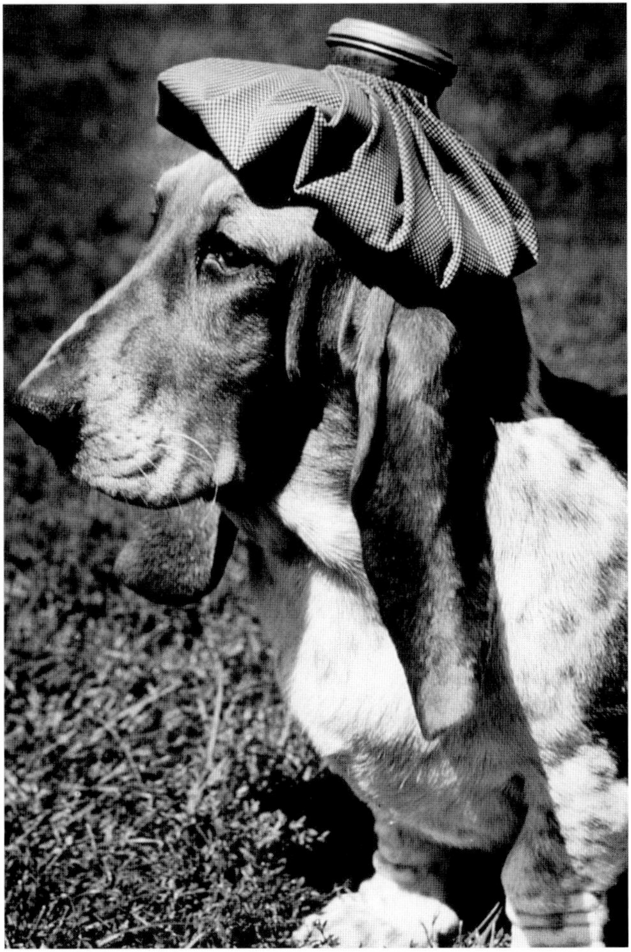

Alguém aí falou em dor de cabeça?
(E as pessoas ainda ficam espantadas ao descobrir
que o Lexotan é um dos remédios mais vendidos...)

DID ANYONE MENTION A HEADACHE? (AND PEOPLE ARE
STILL SURPRISED TO DISCOVER THAT ASPIRIN IS A TOP SELLER)

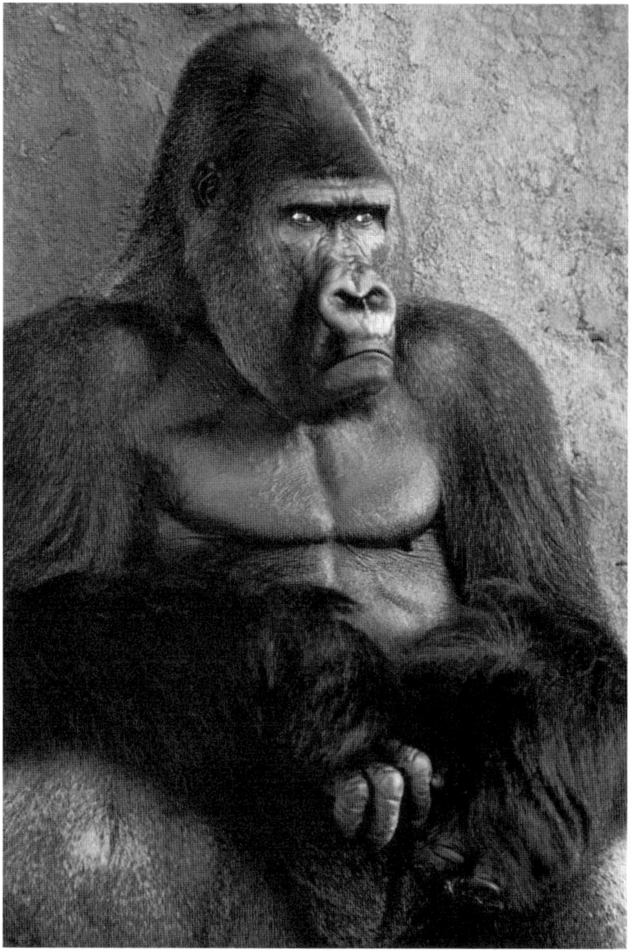

Enquanto tudo isso acontece, aonde é que andam os pais?

Ficam parados o tempo todo pensando na vida?

Não, de jeito nenhum!

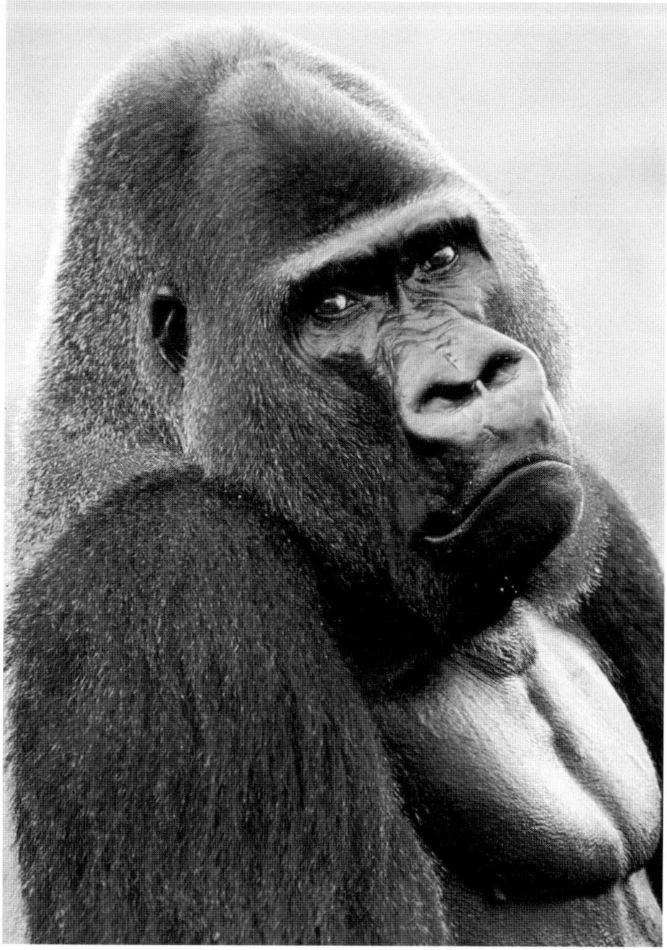

Eles também resmungam e dizem:
"Vá perguntar à sua mãe!"

THEY TOO MUTTER AND SAY: "GO ASK YOUR MOTHER!"

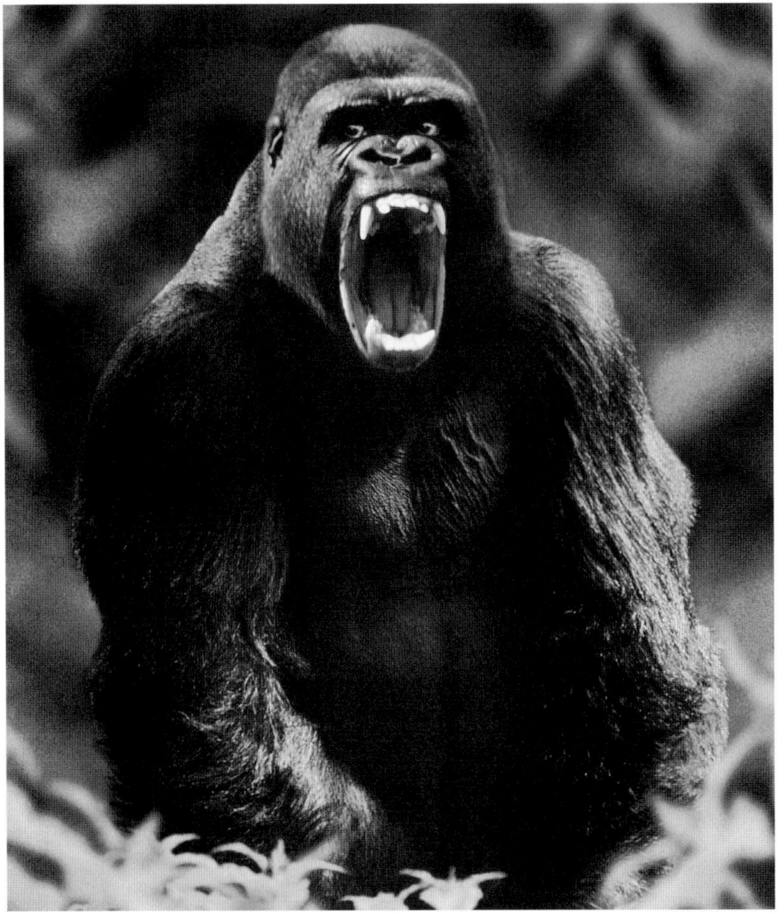

AT TIMES THEY EVEN YELL: "FOR THE LOVE OF... ! CAN'T YOU

Às vezes, eles até gritam: "Pô, meu bem!
Será que não dá pra fazer essa criança calar a boca?!
Eu estou tentando assistir ao jogo!"

GET THAT KID TO QUIET DOWN?! I'M TRYING TO WATCH THE GAME!"

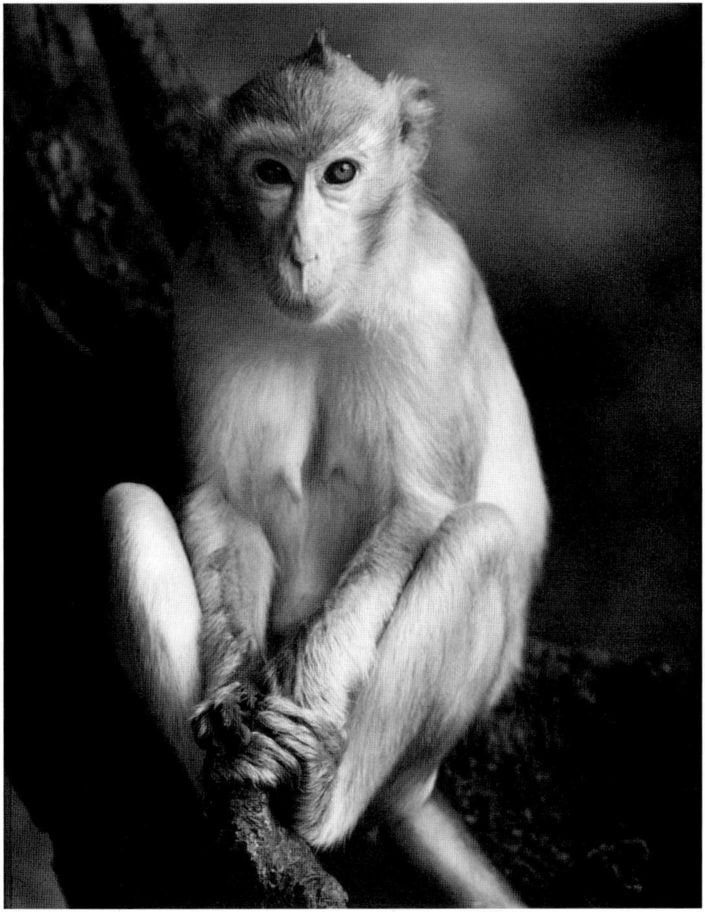

Pois é. É isso. Hummm...
Melhor voltarmos para a mamãe
e para as alegrias cotidianas das refeições.

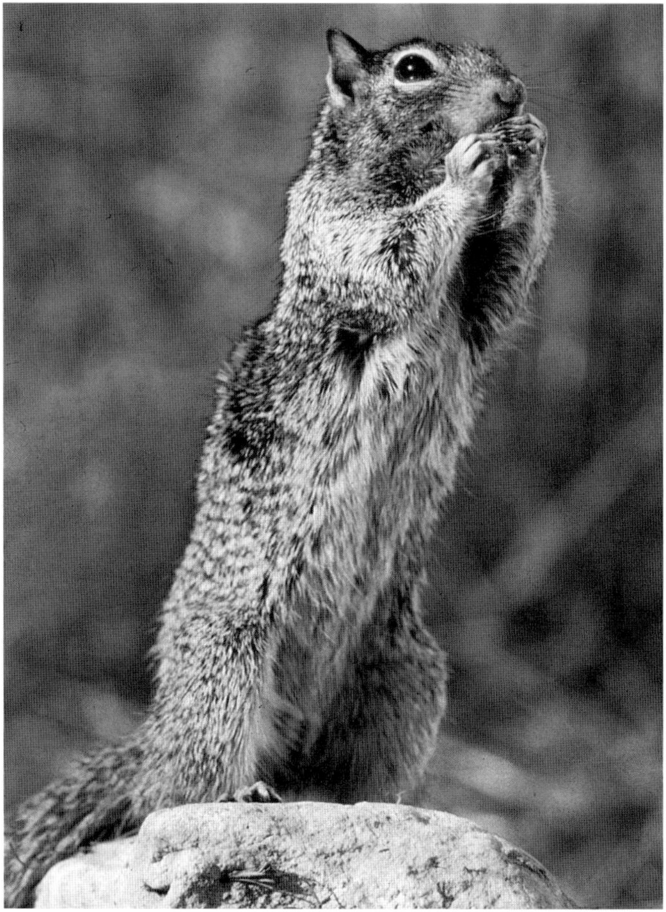

"Crianças, meus amorecos!
Entrem, por favor!
Está na hora do jantar!"

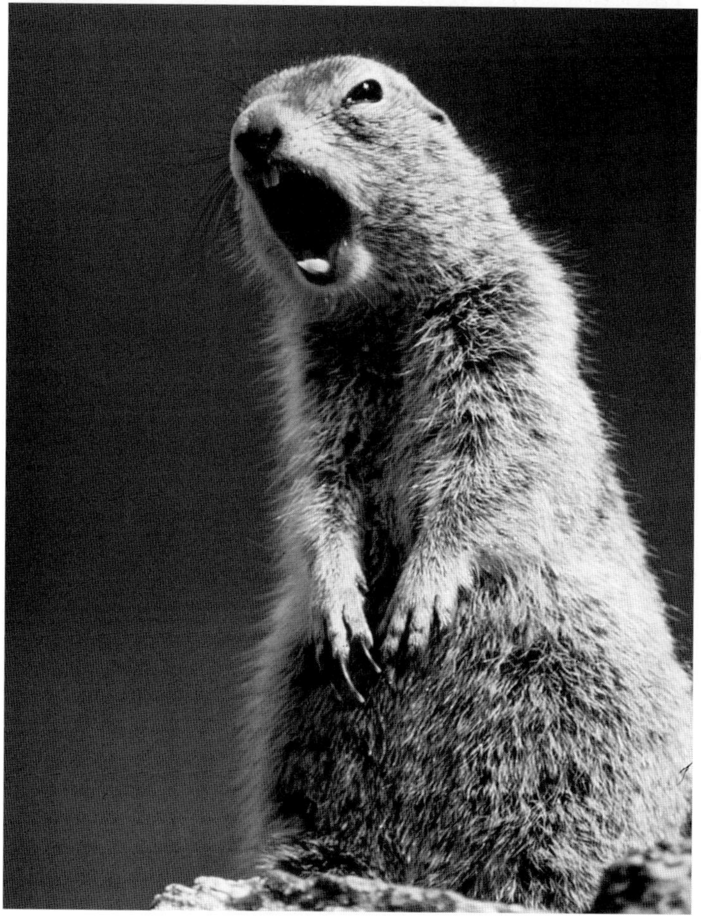

48 MINUTOS DEPOIS
"Pela última vez, pô!
Larguem essa droga e entrem JÁ!"

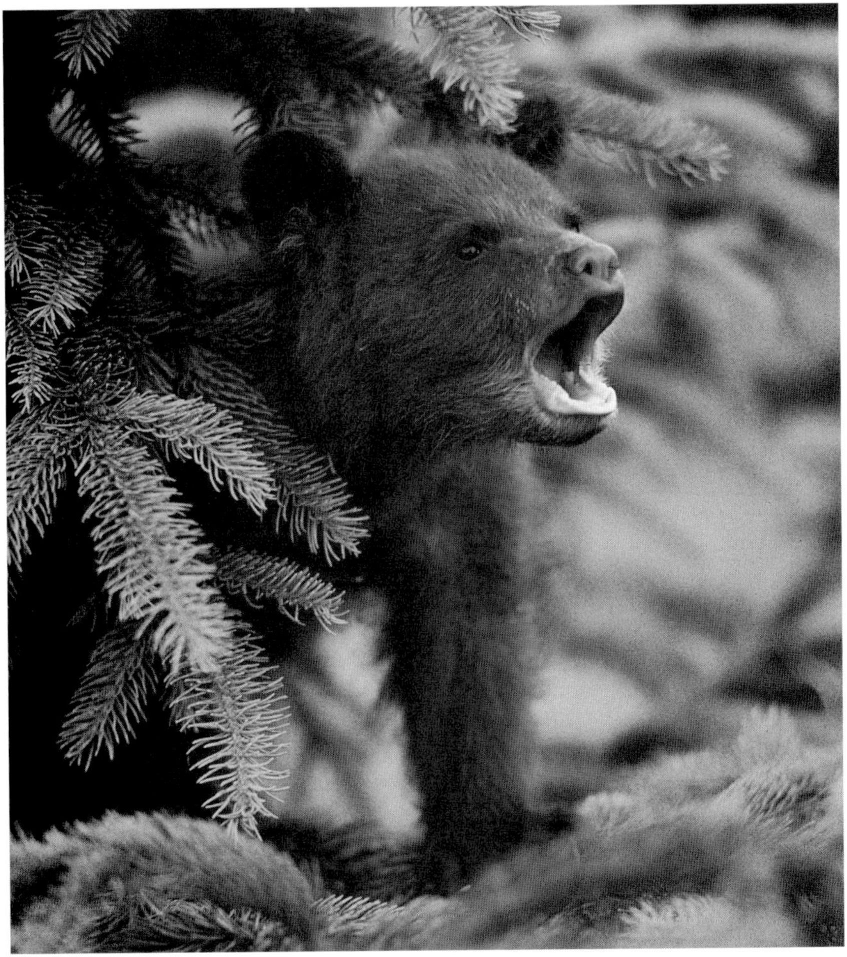

"Eu não vou comer espinafre!"

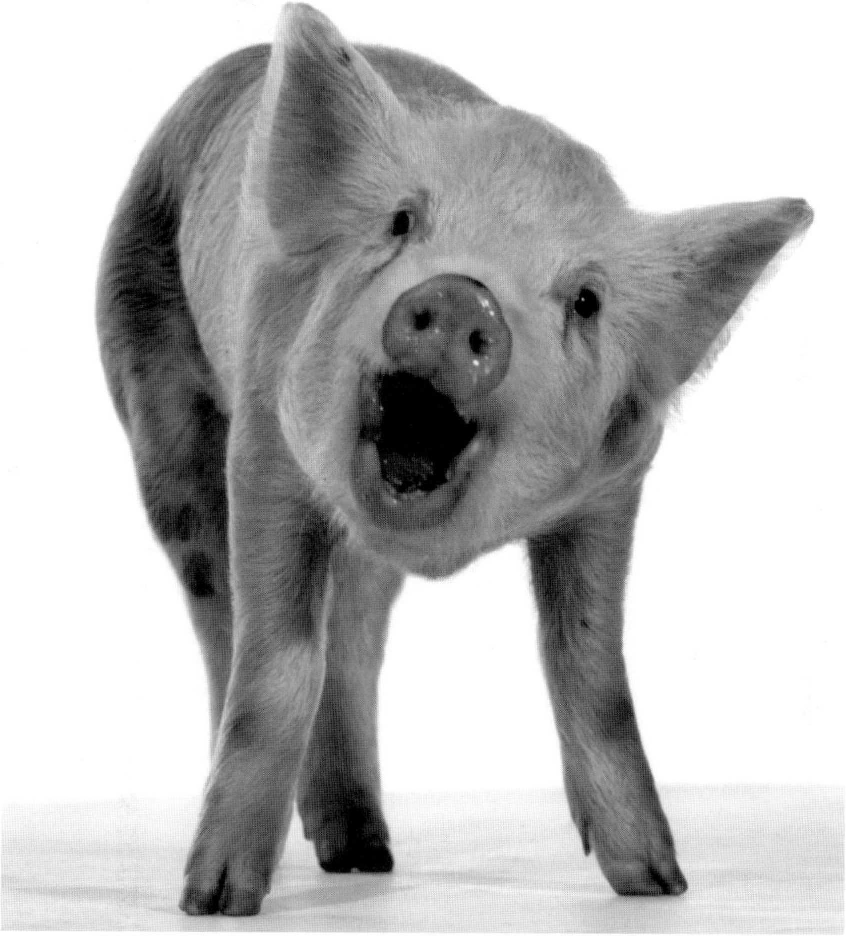

“Não tem batata frita? Eu quero batata frita!”

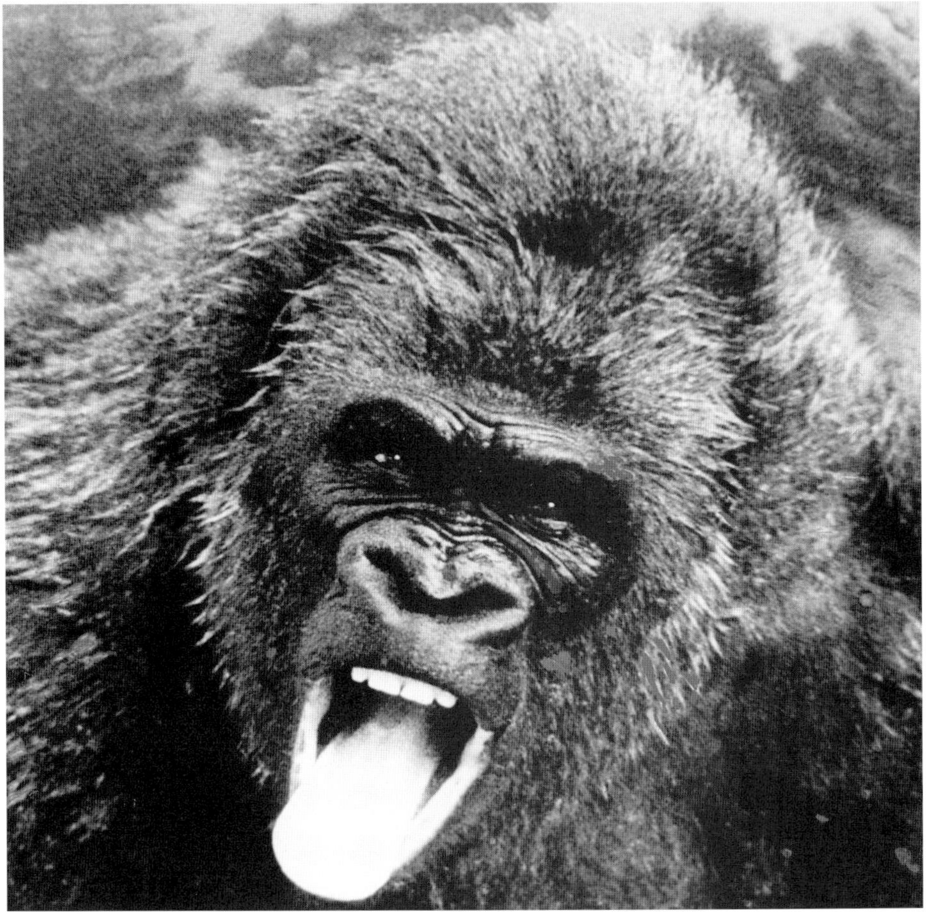

"Eeeeeca... sopa de legumes de novo?
Eu deteeeeeesto sopa de legumes!"

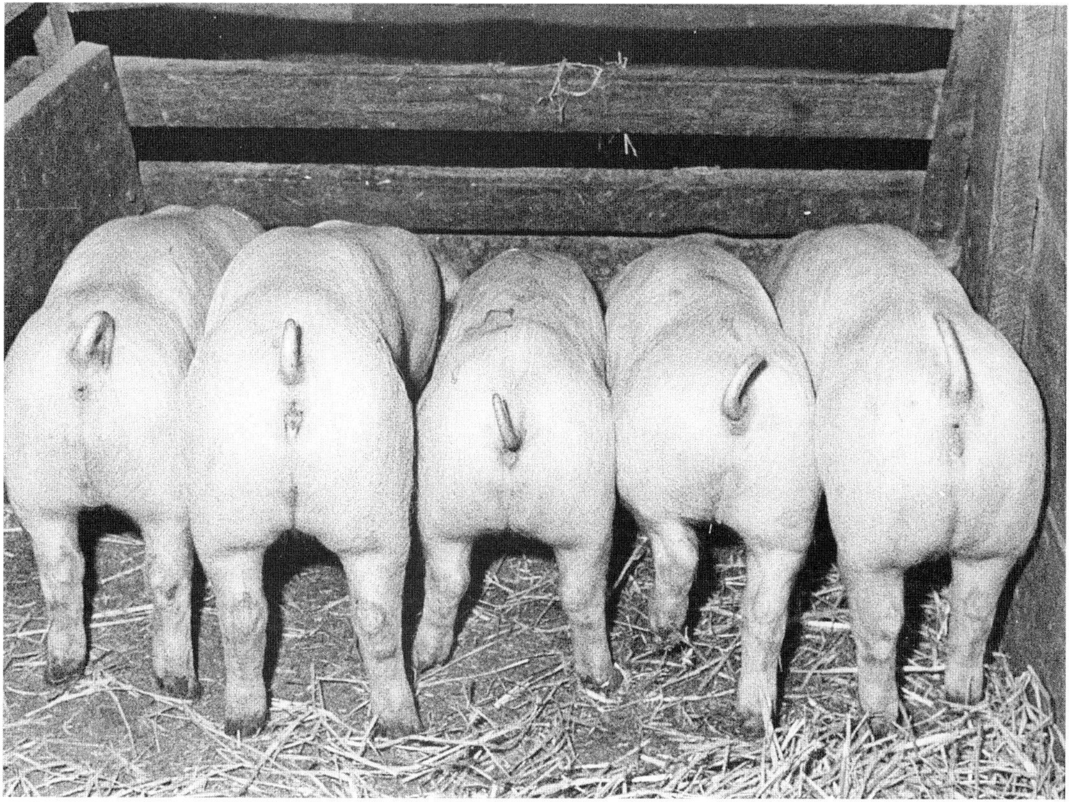

As refeições familiares nem sempre proporcionam as "grandes oportunidades de comunicação" de que a gente ouve tanto falar na TV.

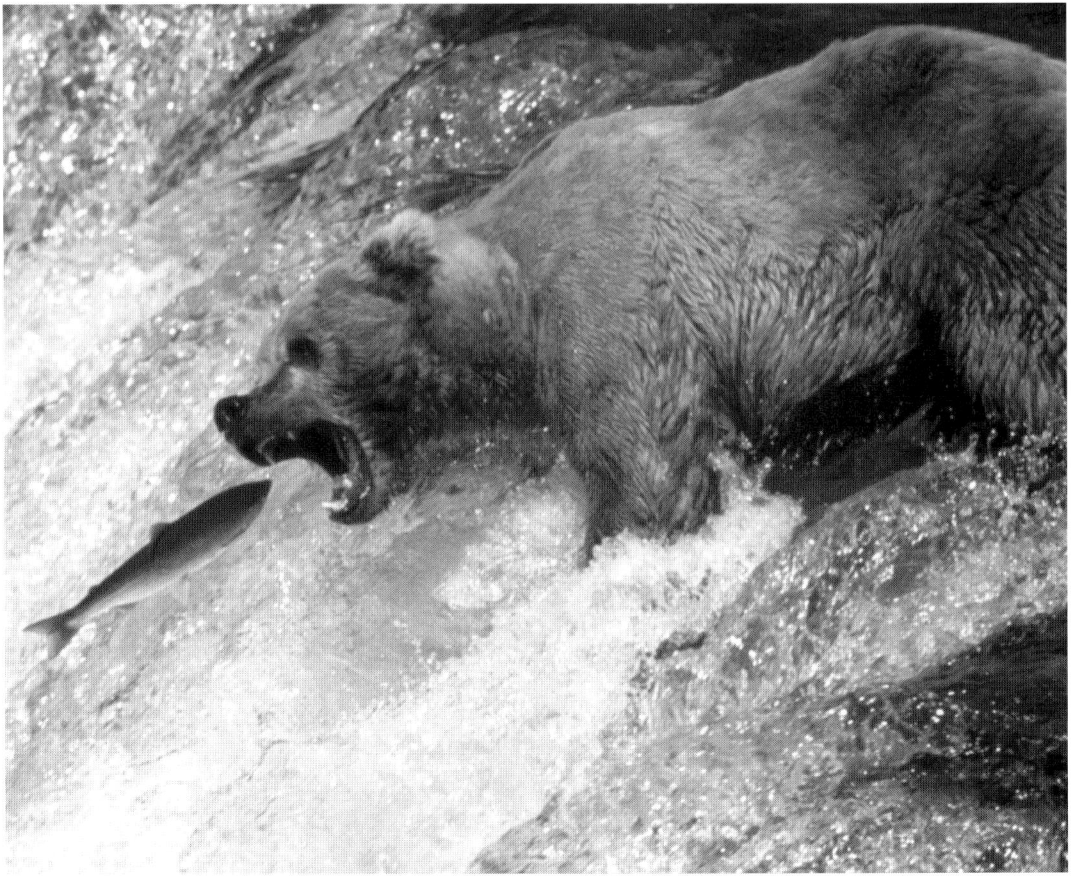

Uma mãe pode chegar a preparar cerca de 20 mil refeições antes que seus filhos saiam de casa – e, ainda assim, há crianças (e maridos) que acham que o jantar aparece em cima da mesa como num passe de mágica.

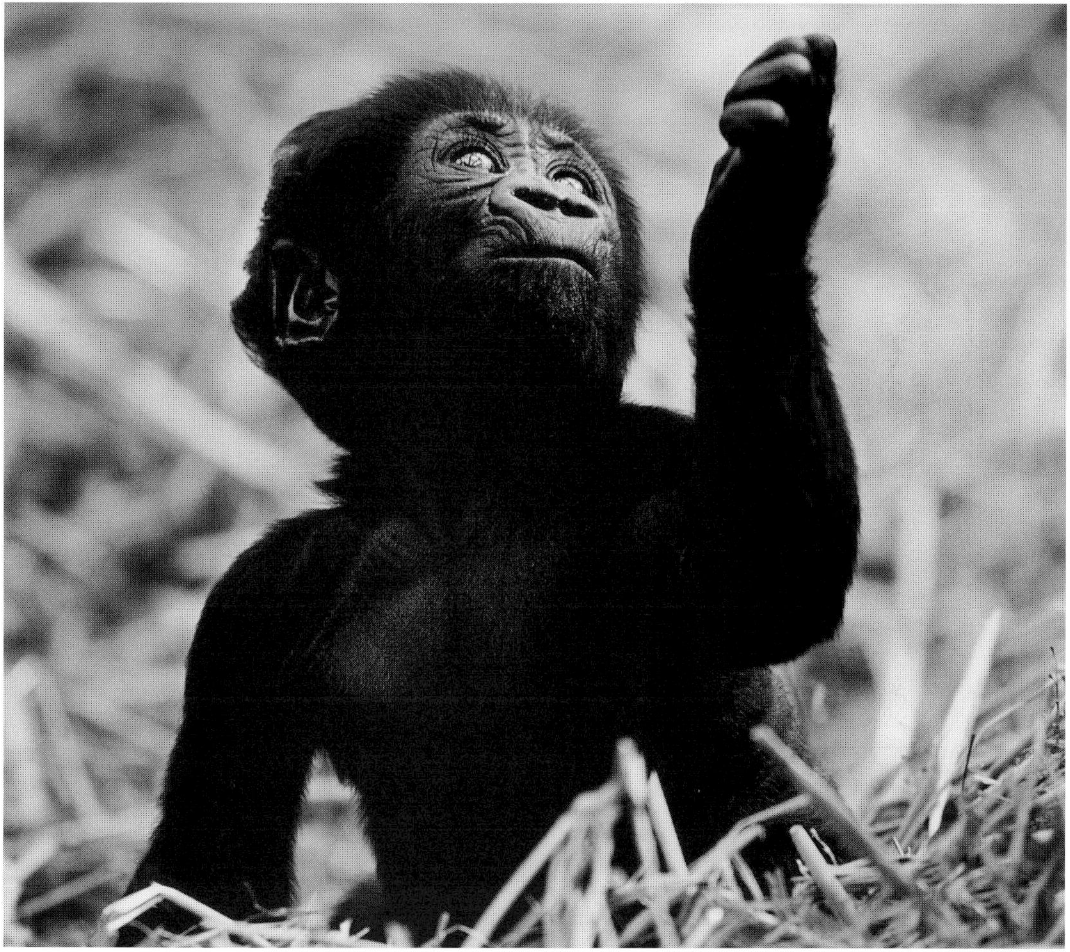

Para eles, é como se bastasse estalar os dedos
para que uma galinha assada caísse do céu.

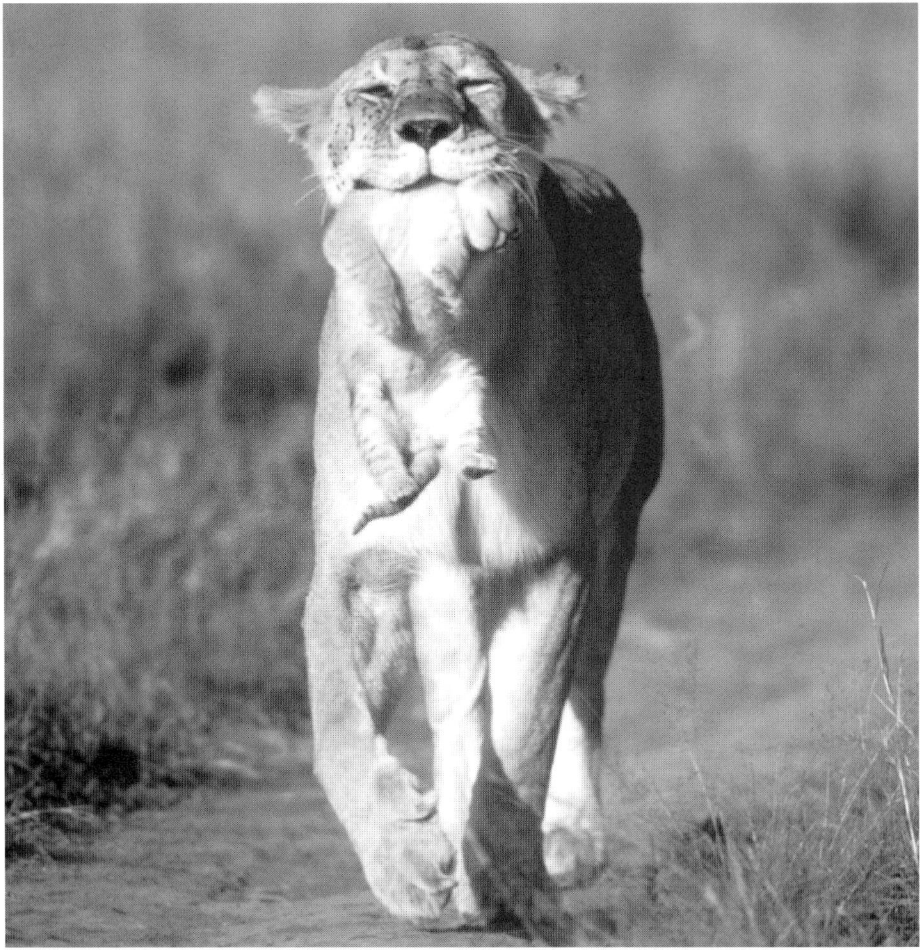

Depois do jantar, é preciso, no mínimo, uma mão firme para fazer as crianças tomarem banho e irem para a cama.

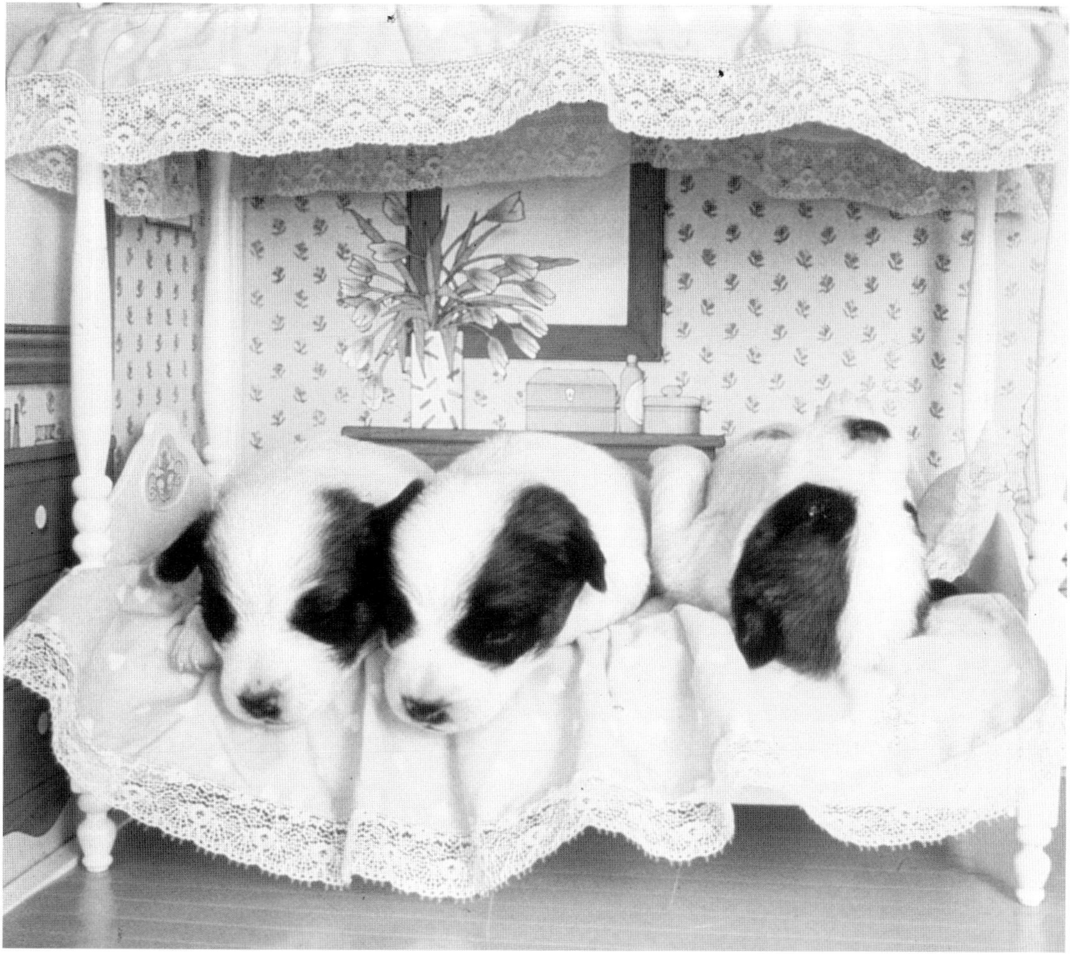

Mas, finalmente, os fofinhos adormecerão todos,
belos e inocentes como anjos.

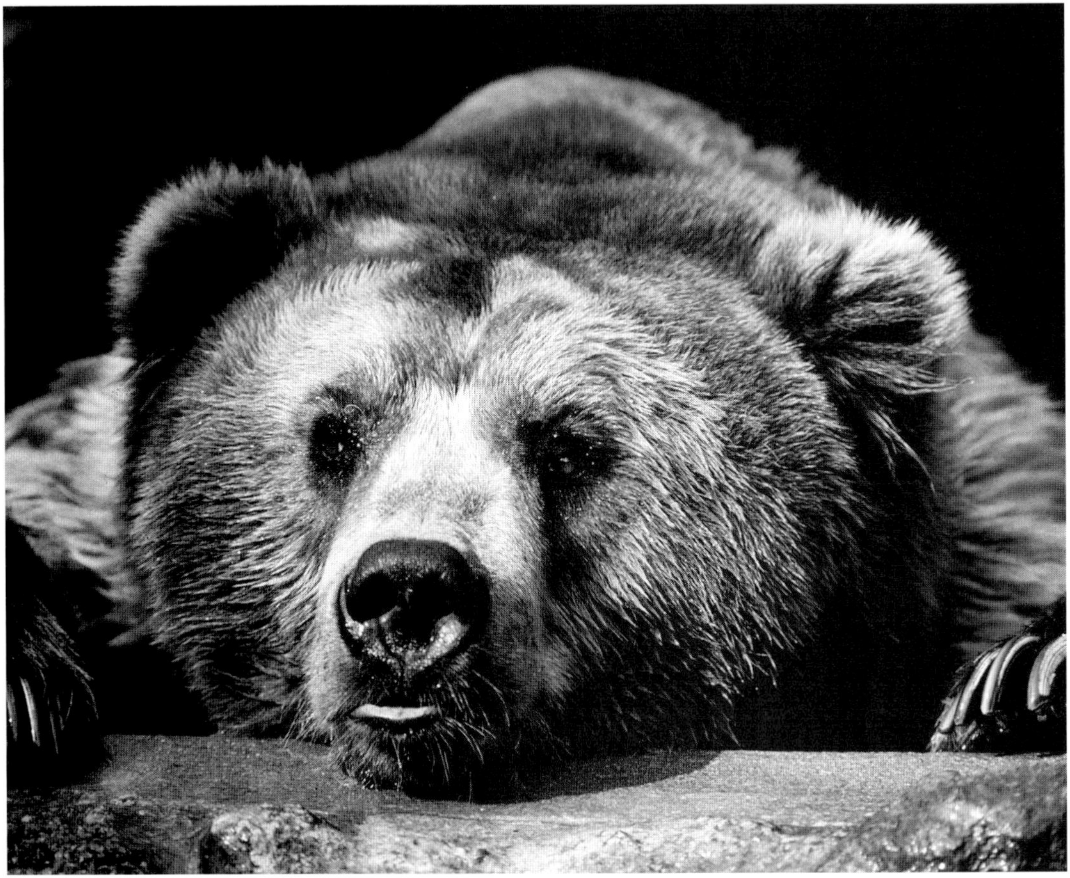

Ufa! Até que enfim a mamãe vai poder respirar um pouco, recobrar a sua sanidade mental e, quem sabe, até desfrutar de alguns momentos românticos com o homem da casa...

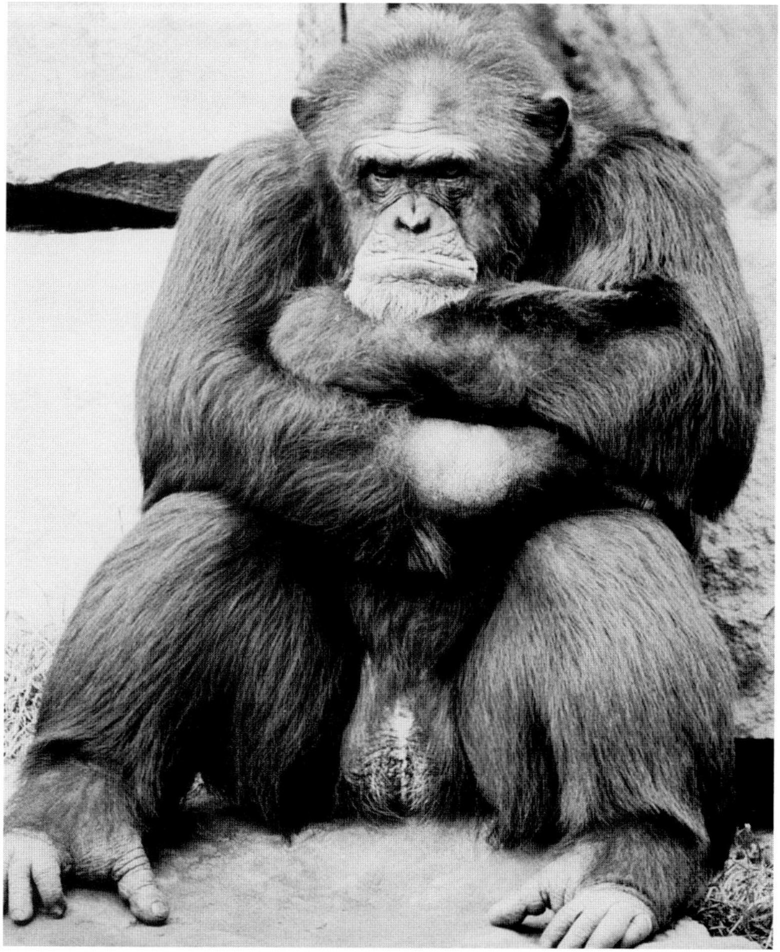

Ou talvez não.

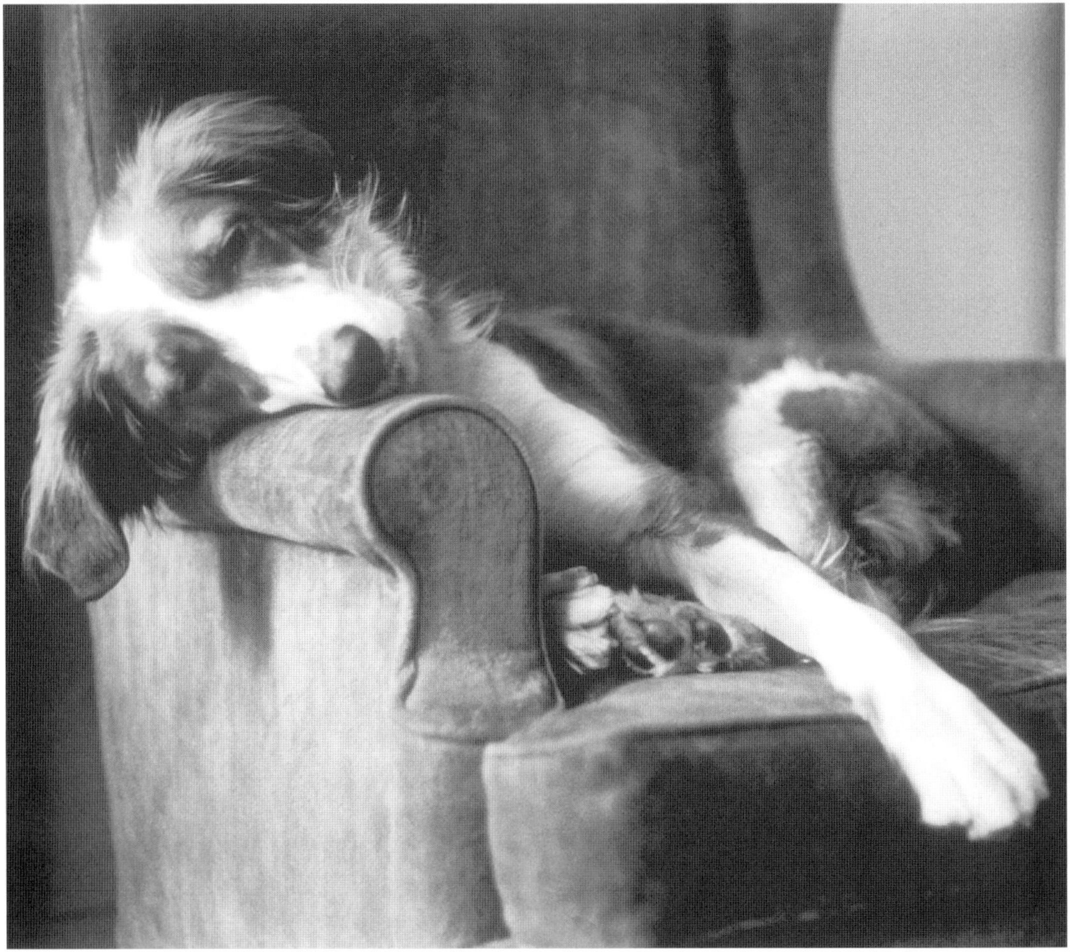

Caso em que cairá desmaiada num sono reparador...

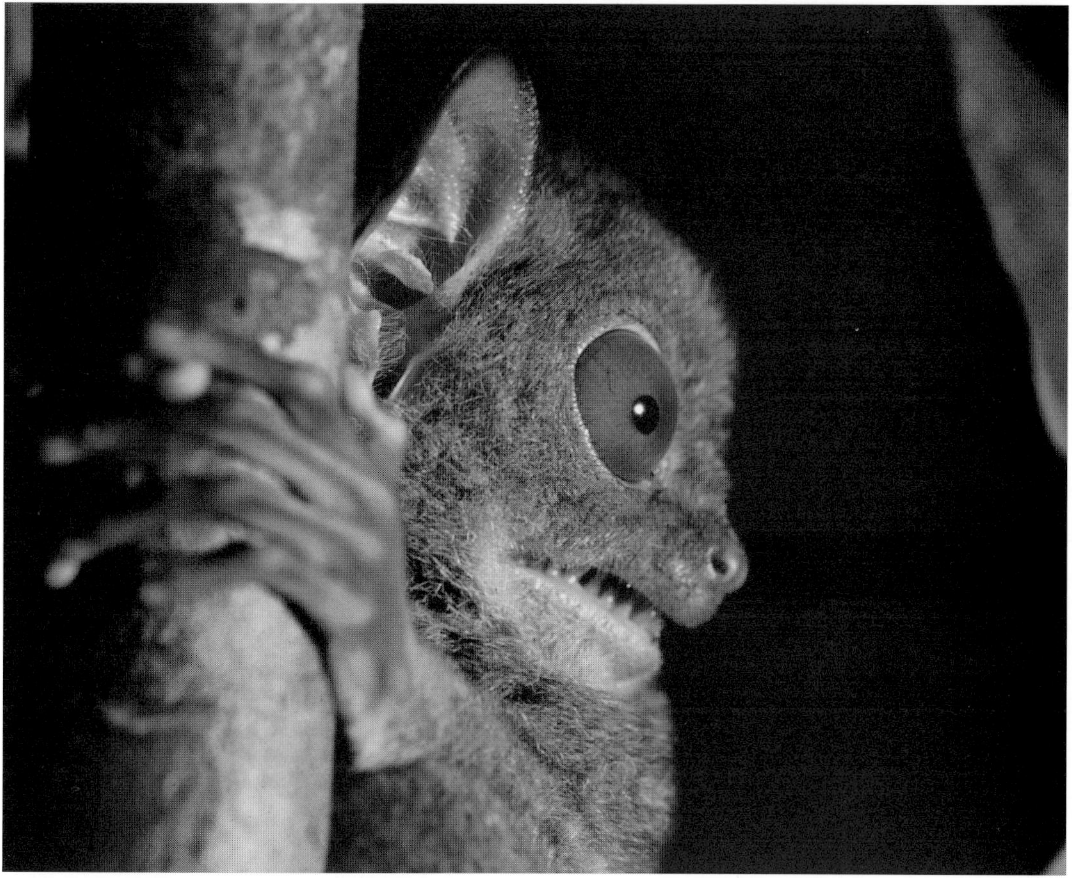

Até ser acordada pelos gritos de alguém
que está tendo um pesadelo em que aparece um monstro
de algum livro do Harry Potter, muito parecido
com o diretor da escola, só que com dentes maiores.

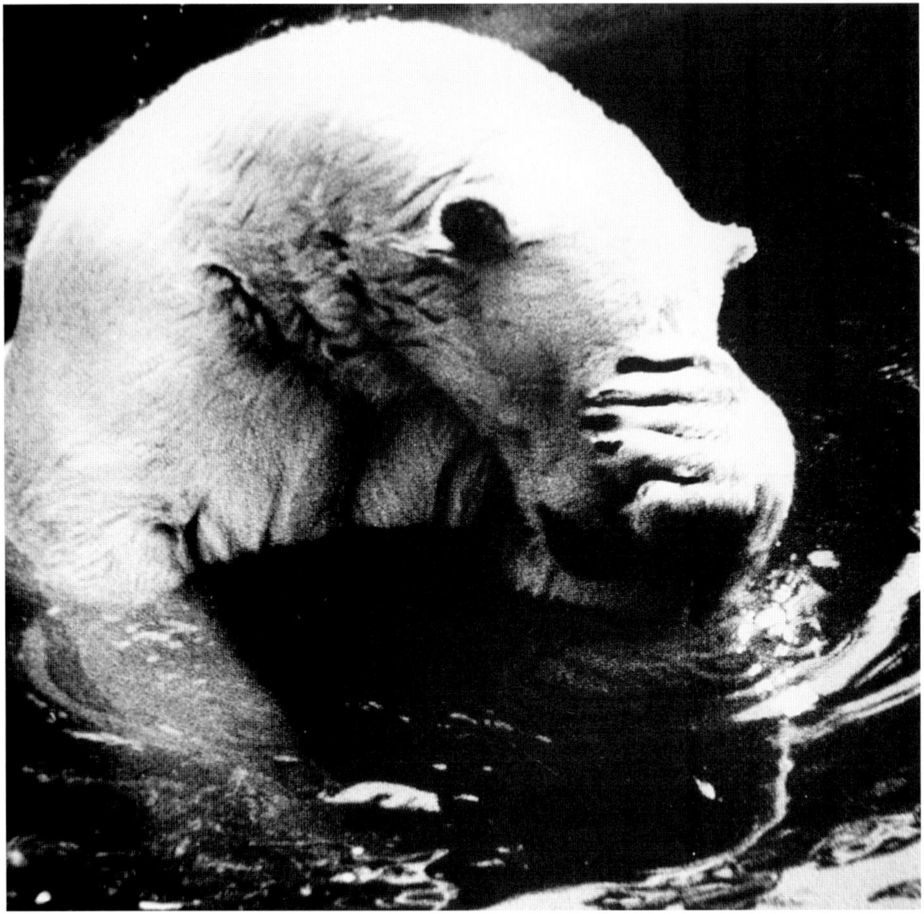

É nesse momento que ela descobre que tem de ajudar seus filhos a superar a fase de fazer xixi na cama.

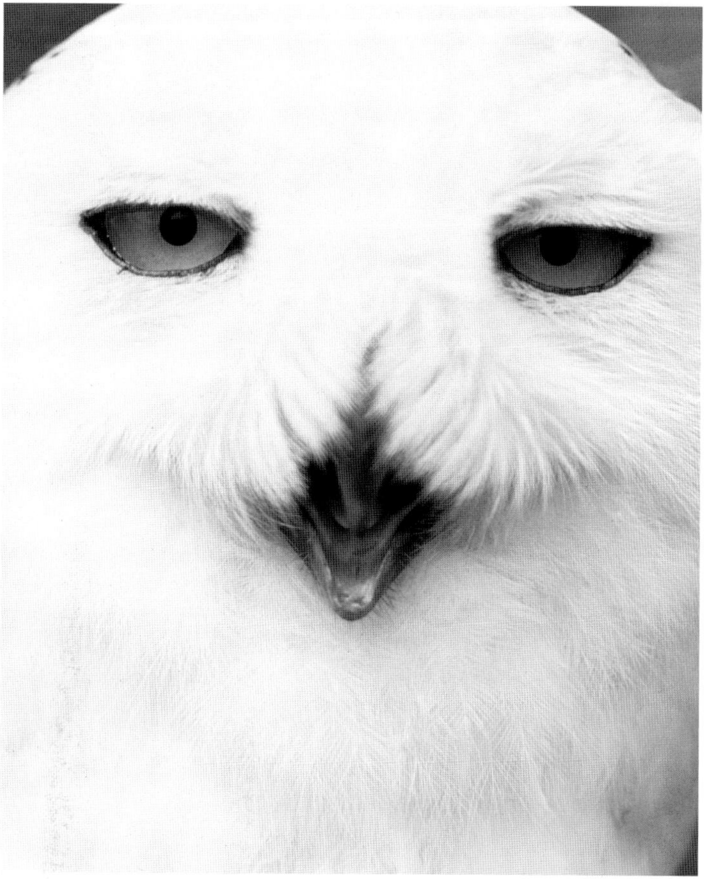

Alguns cientistas sociais garantem que um dia desses corresponde a seis meses numa mina de sal na antiga União Soviética. Não é à toa que muita mãe fica de cabelo branco da noite para o dia.

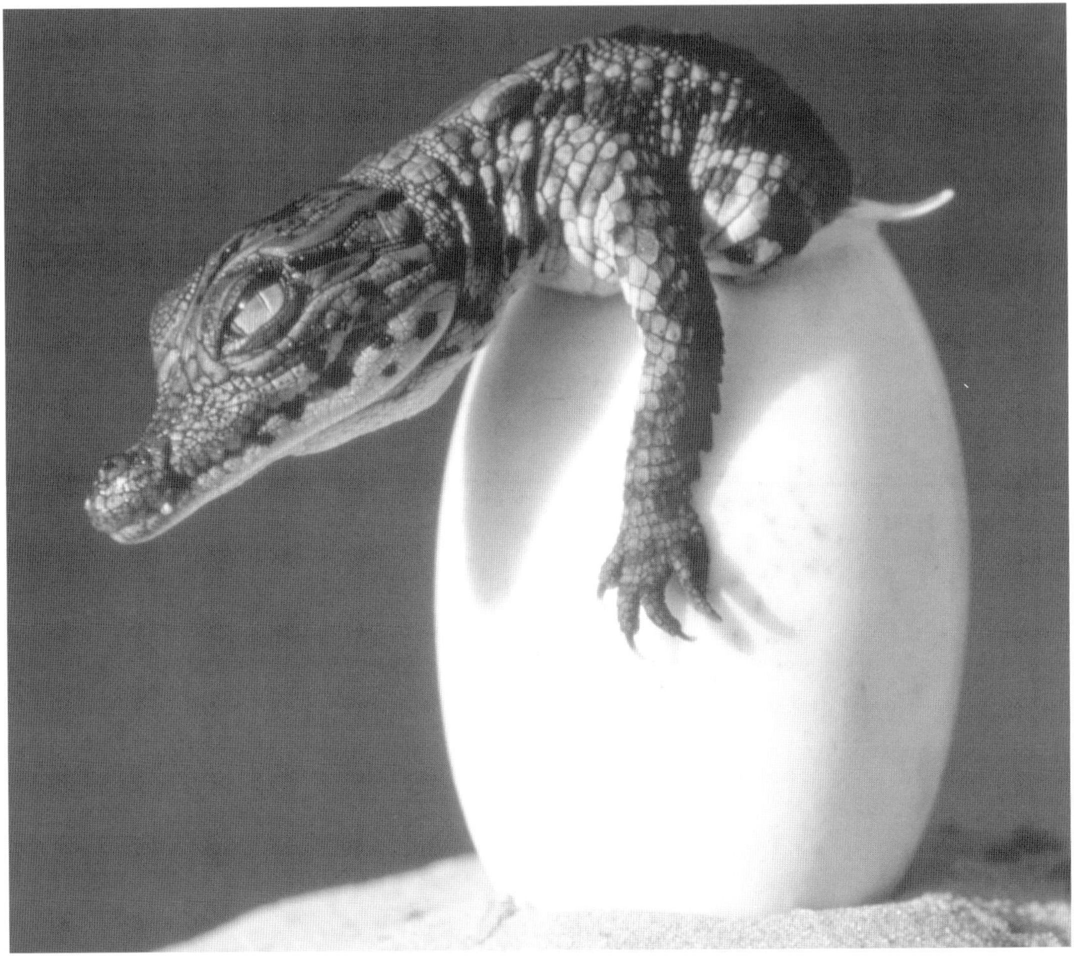

Especialmente quando se leva em consideração o fato de que, de cada 1.000 crianças, 999 podem ser perfeitos monstrinhos...

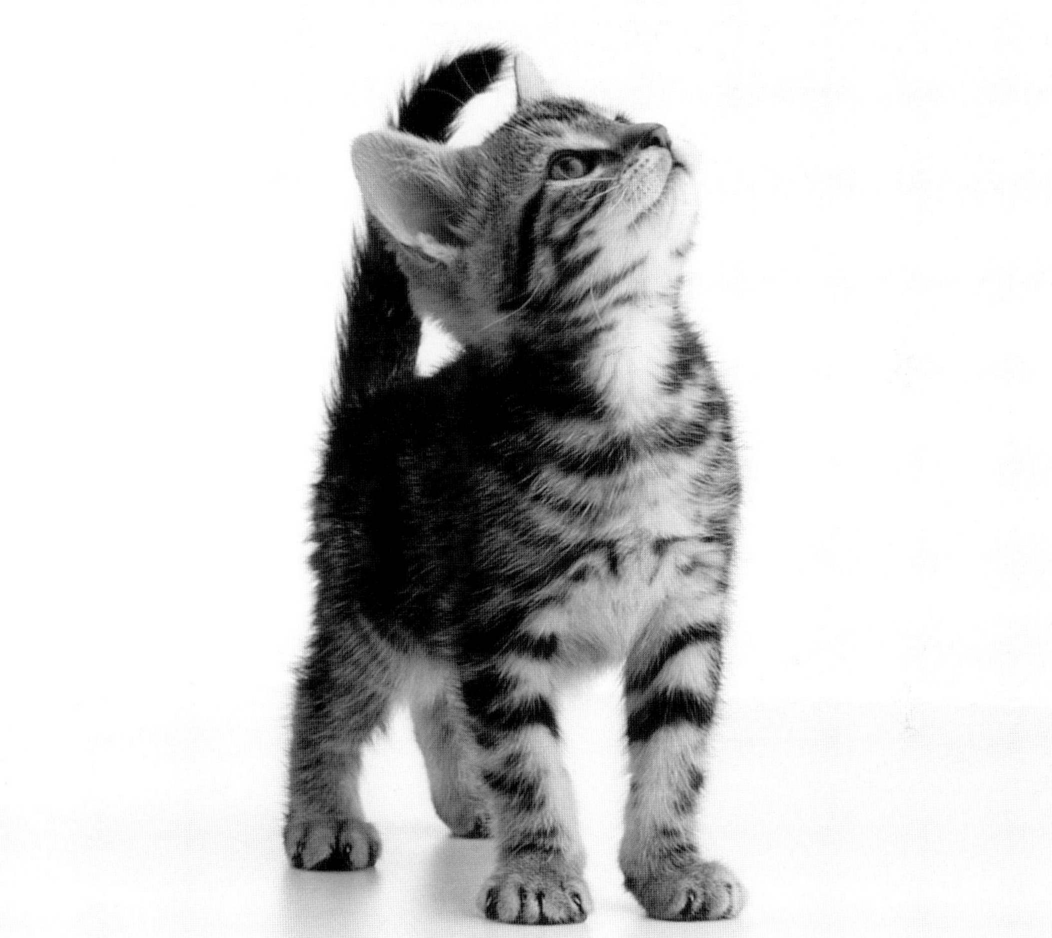

E uma vai ser abduzida por alienígenas.

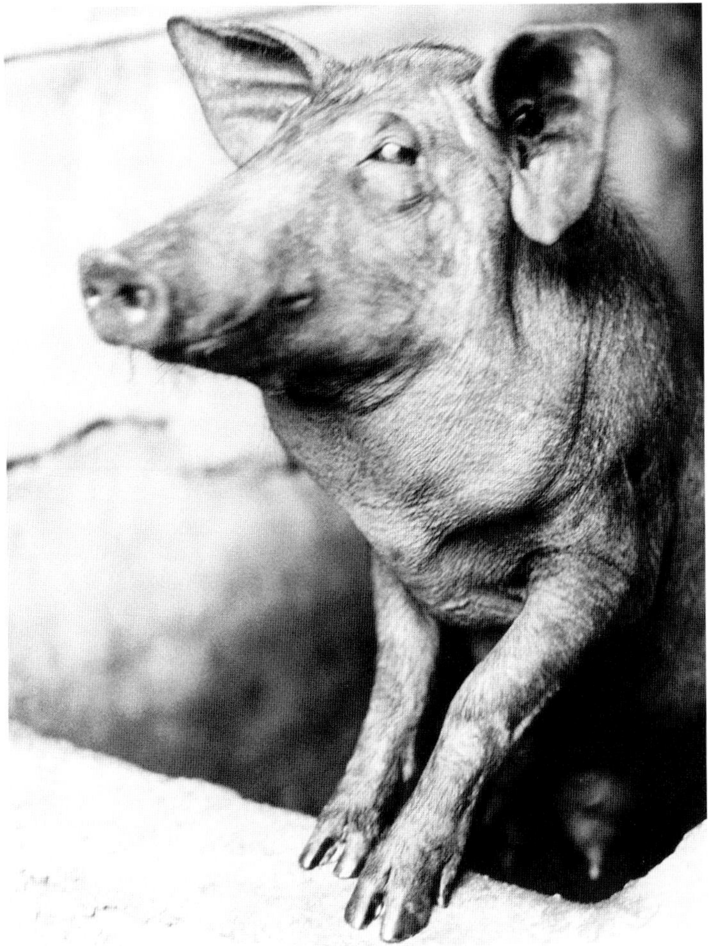

À medida que vão se transformando em adolescentes,
as crianças ficam cada vez mais sonsas.

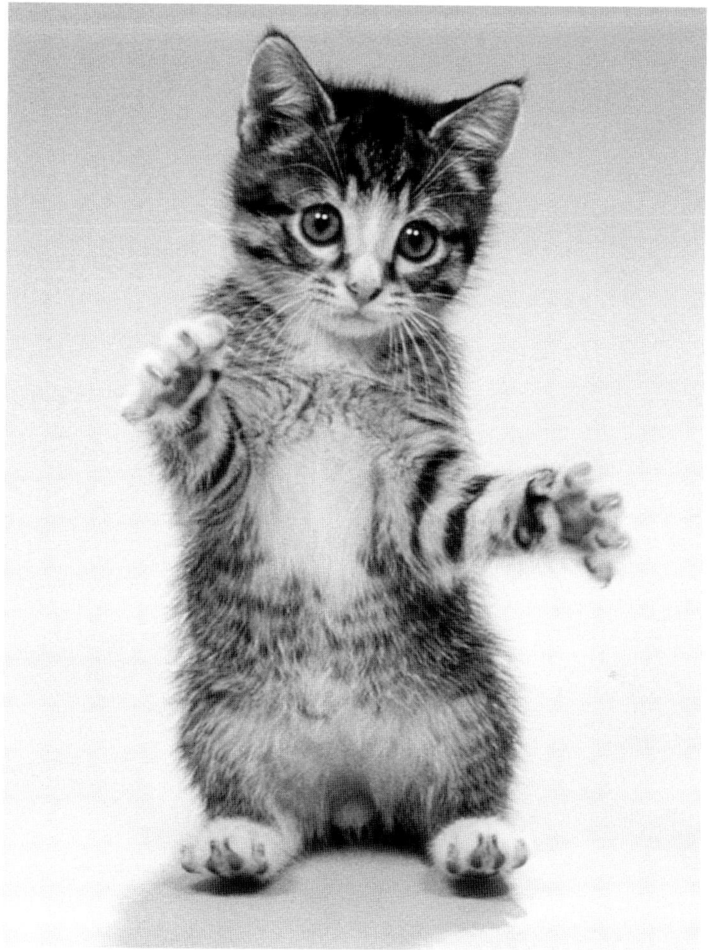

Mentirinhas sobre escovar os dentes
e lavar atrás das orelhas

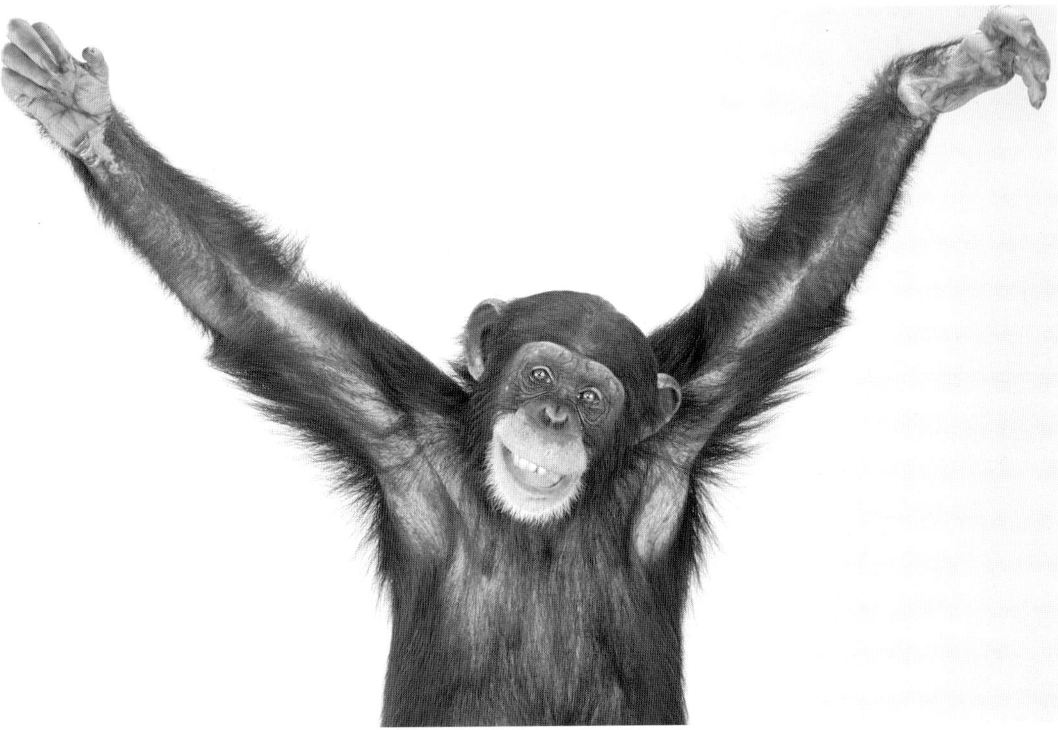

se transformam em longas conversas-fiadas,
com as quais jovens adultos
testam a credulidade das mães.

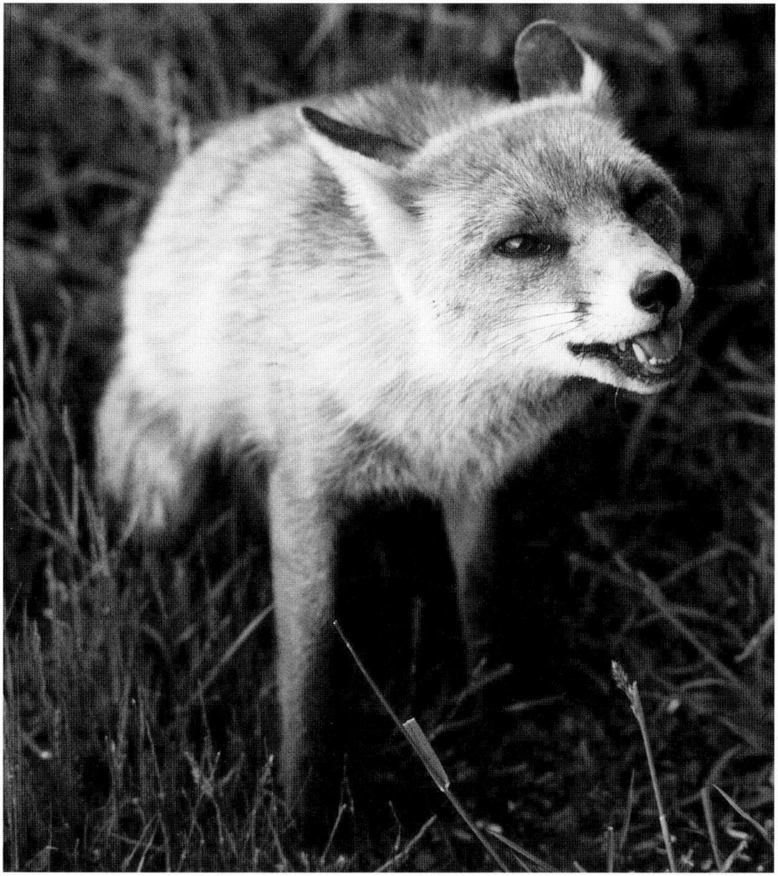

"Ooooooh, mãe (cóf, cóf), tou me sentindo tão mal...
Cara, tou muito, muito mal (cóf, cóf). Tou achando que não vou nem conseguir ir à escola para a prova de geografia (cóf, cóf)...
e o pior é que eu me matei de estudar para ela... (cóf, cóf)"

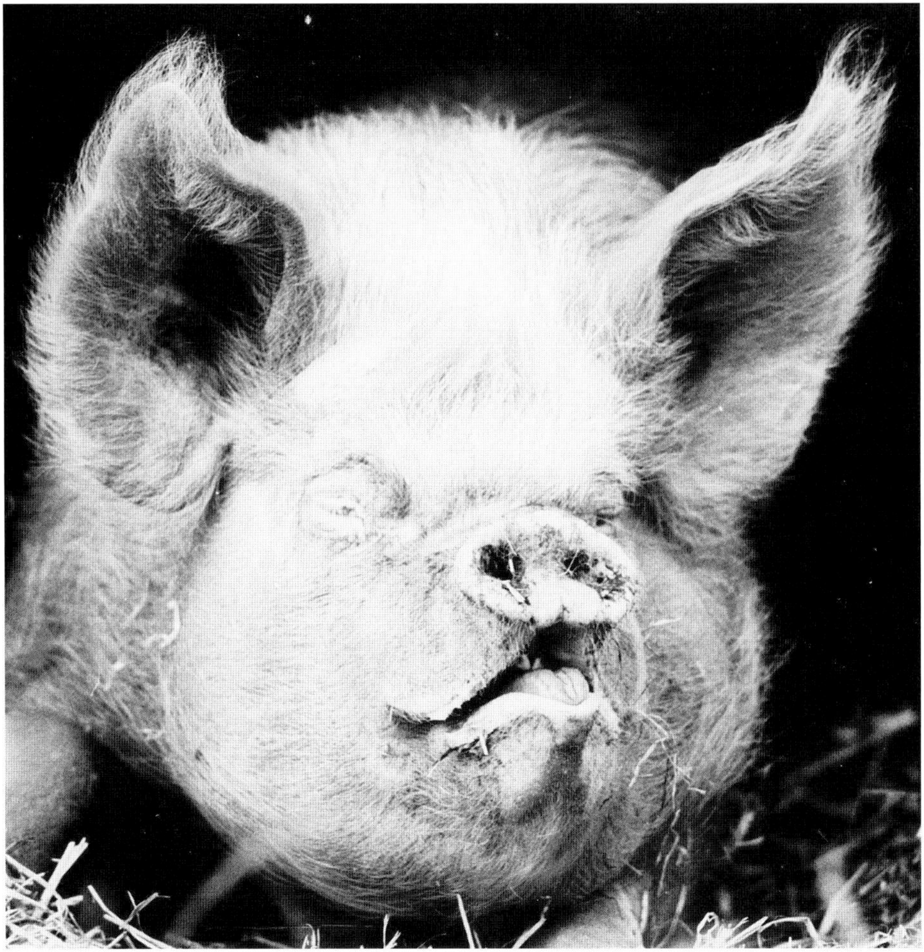

É lógico que, às vezes, as crianças ficam doentes de verdade, o que também não é nenhuma alegria para a mãe.

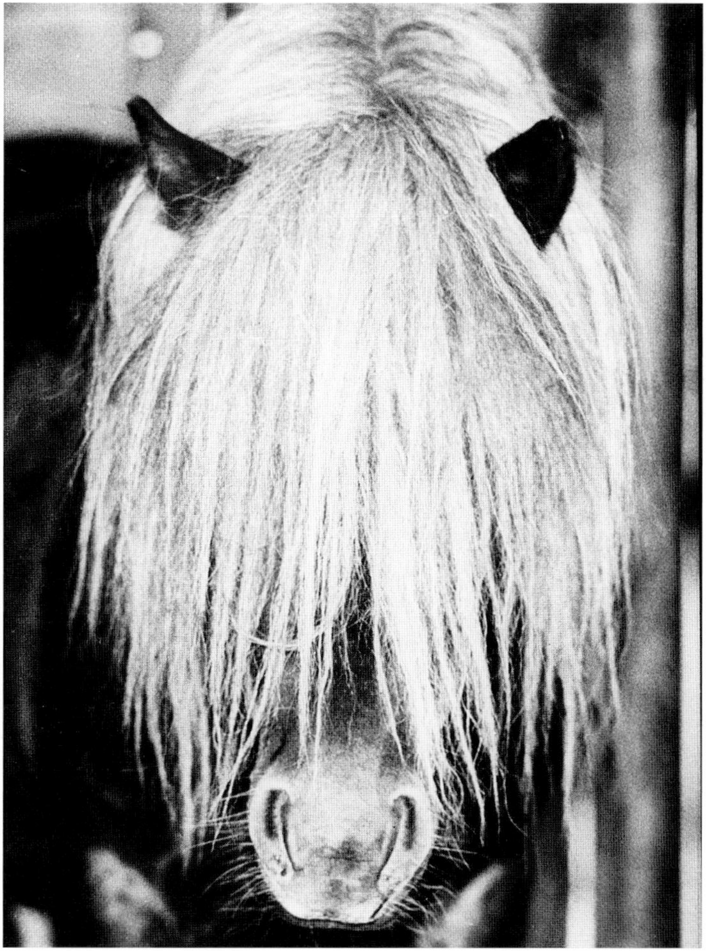

Preparar uma criança para se transformar num adulto
não é mole. Cortes de cabelo estranhos,

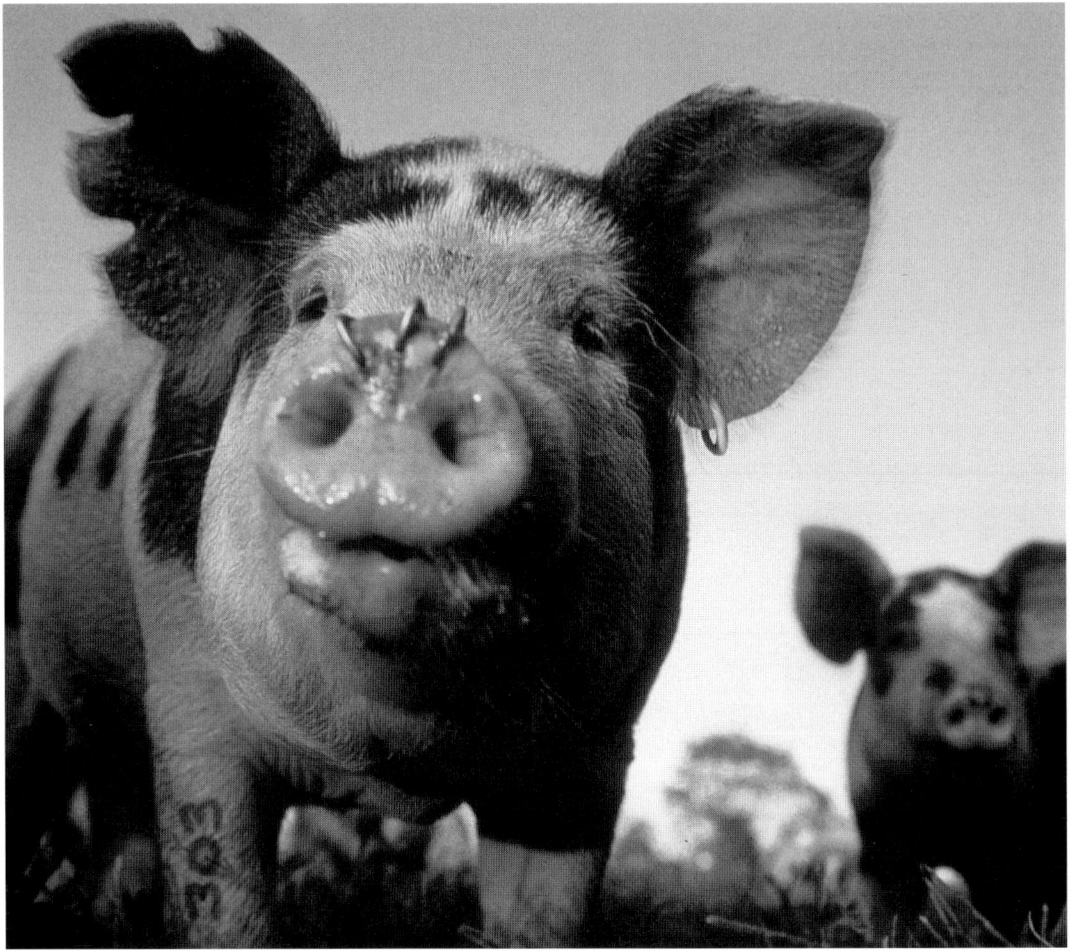

piercings bizarros,

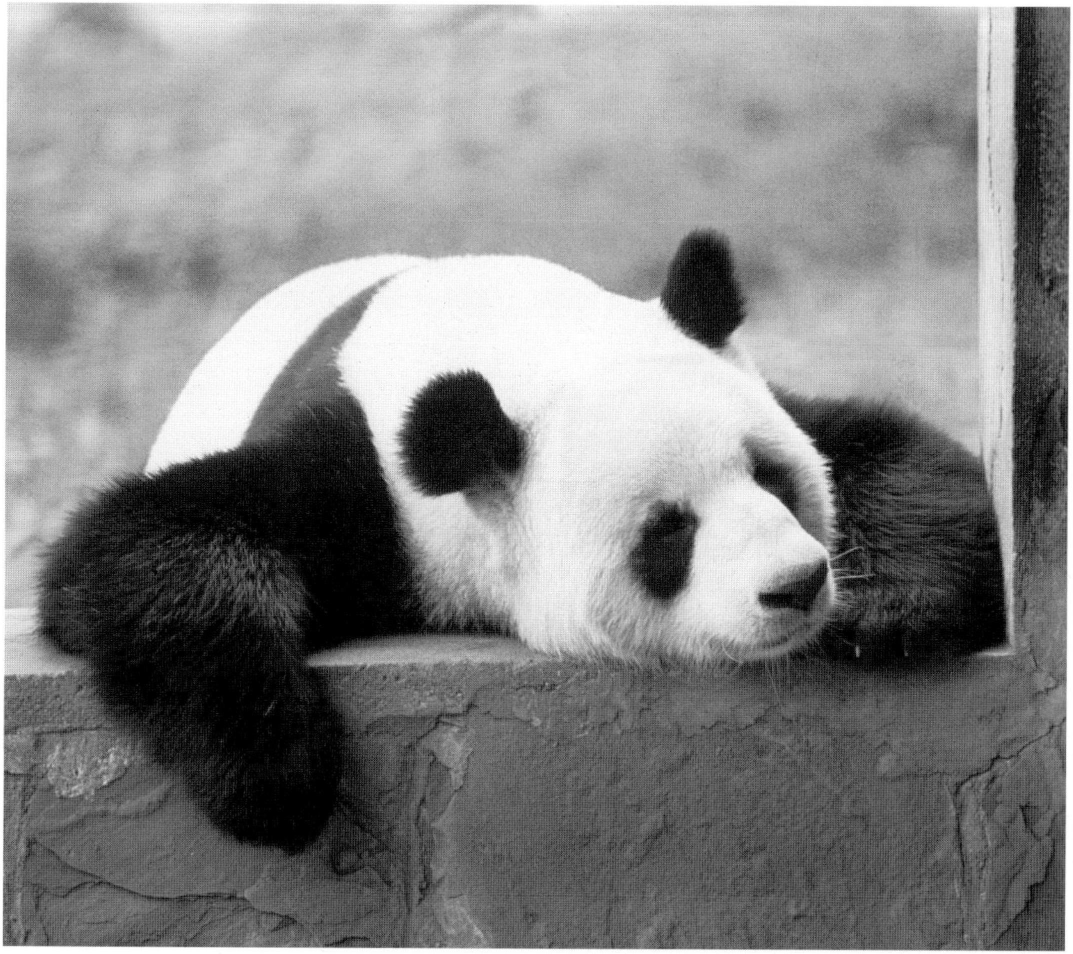

fugas na madrugada para encontros clandestinos,

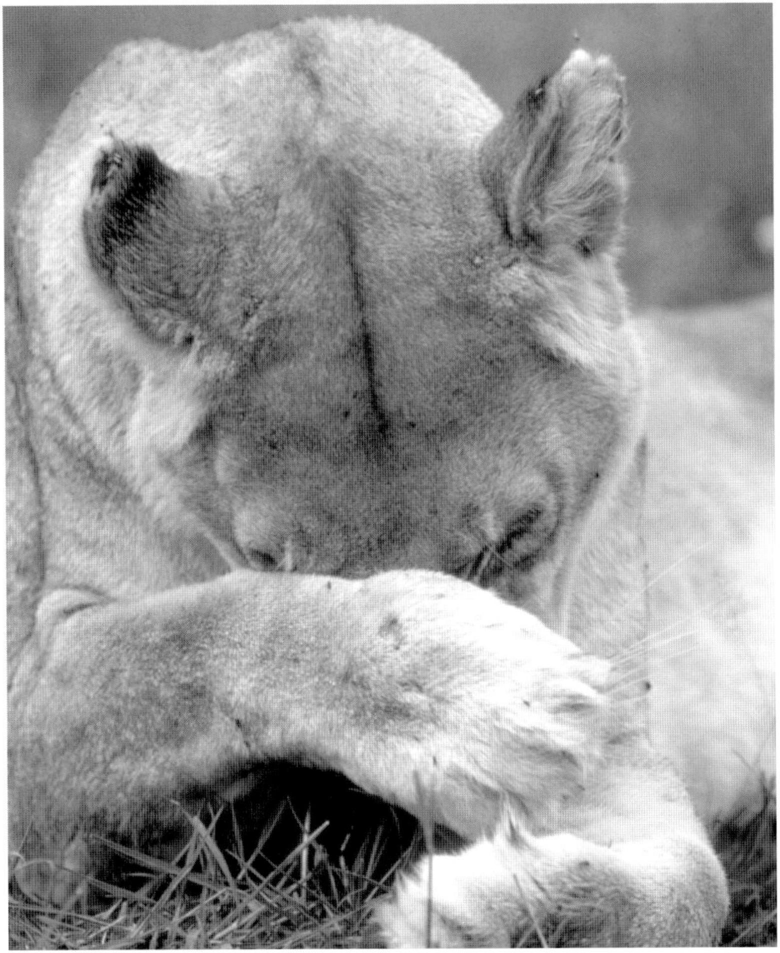

todas essas coisas preocupam uma mãe
a mais não poder.

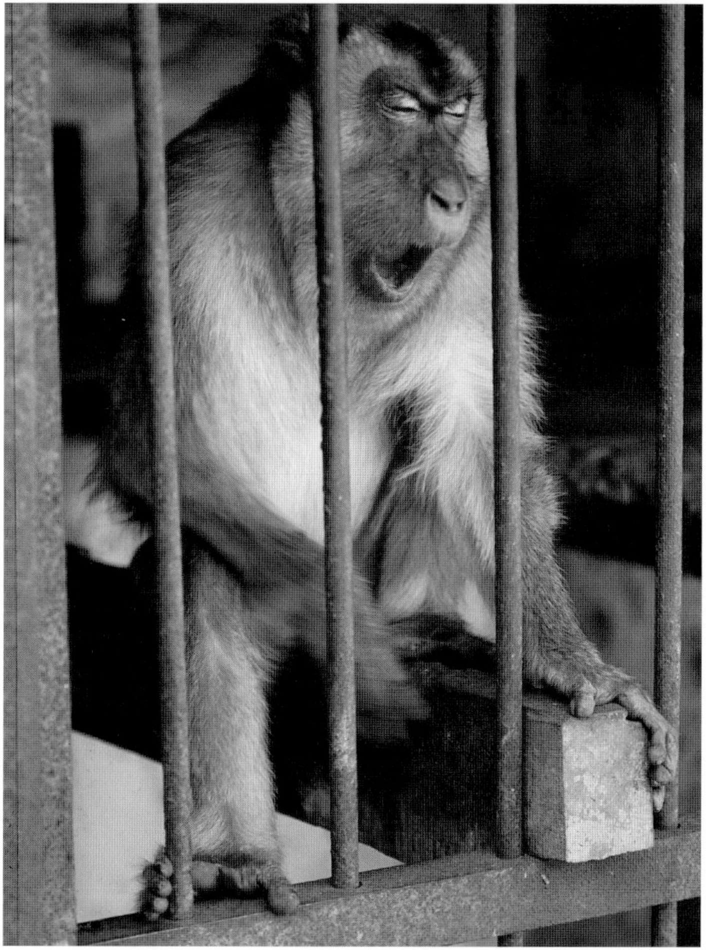

E se seu filho se tornar um criminoso?
Incompetente, ainda por cima?

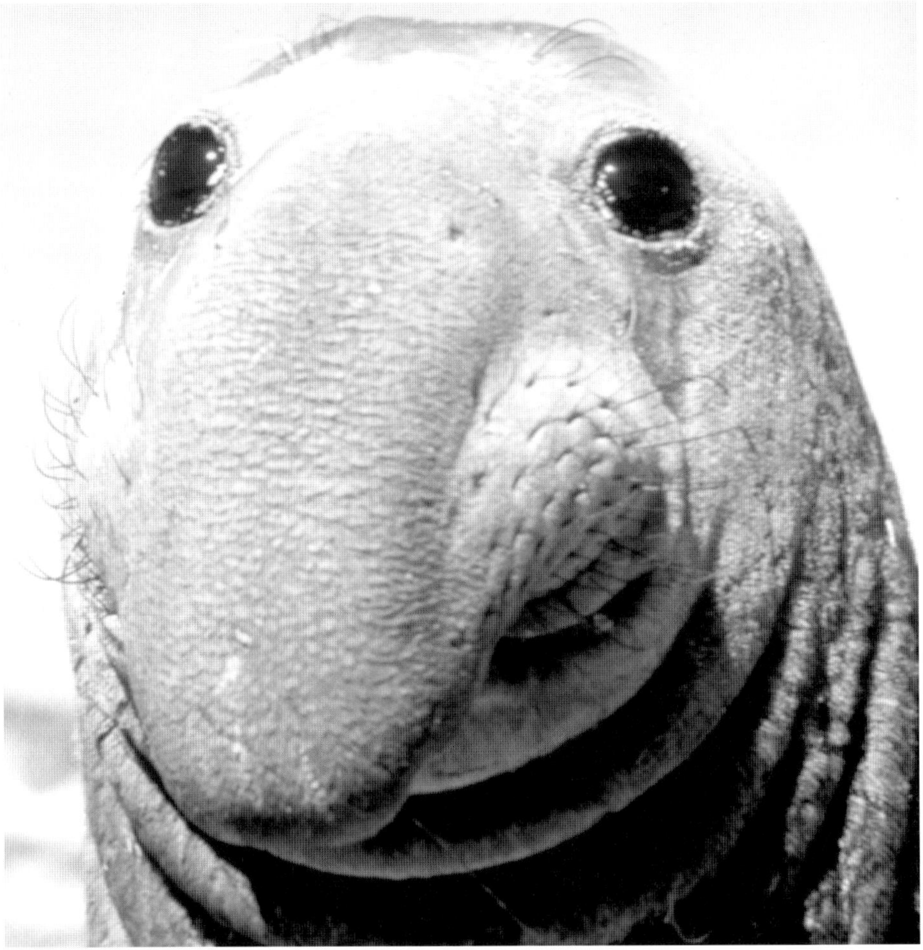

Ou porta-voz do governo?

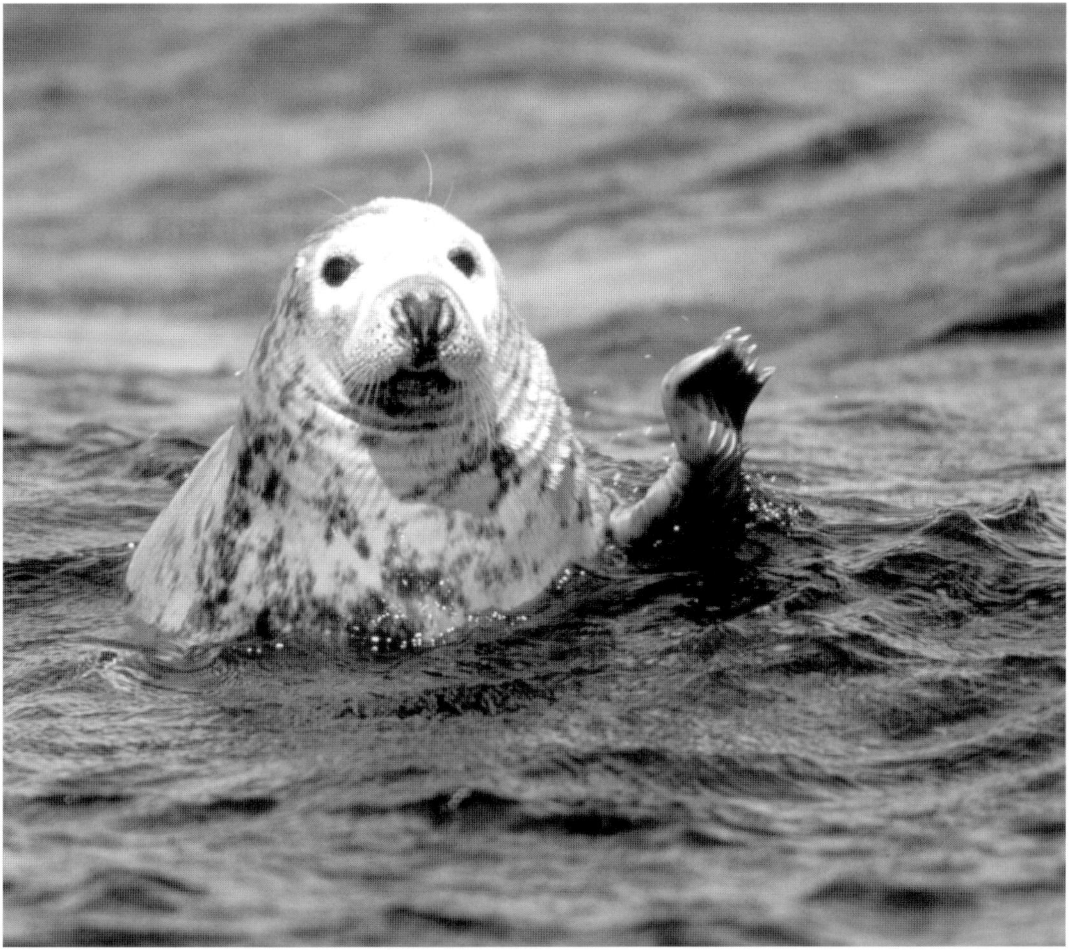

Ou, Deus me livre, um participante do Big Brother?!

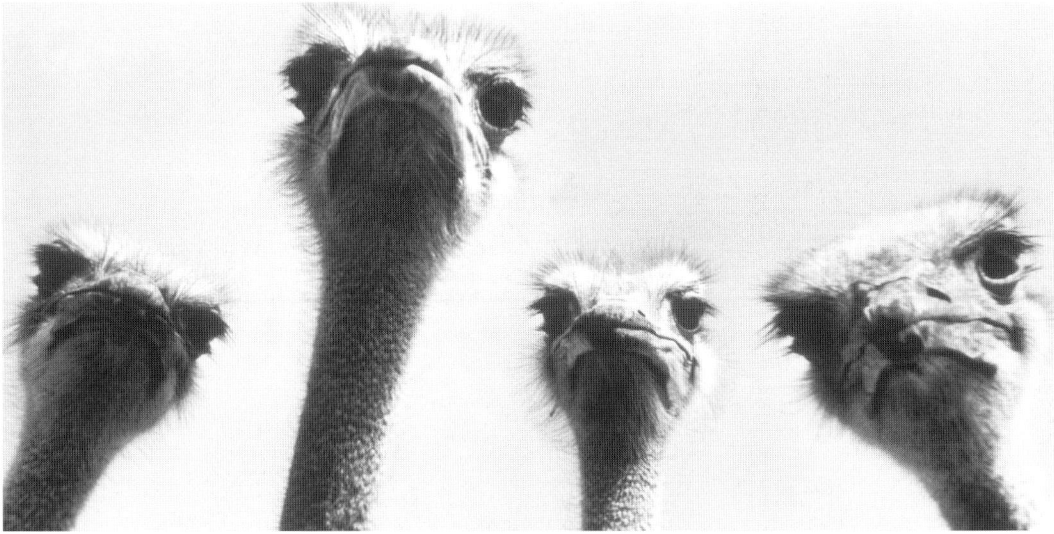

Para tornar a tarefa da mãe ainda mais árdua
há uma irritante multidão de parentes e amigos à espreita,
pronta a dar conselhos sobre a melhor maneira
de se educar filhos hoje em dia.

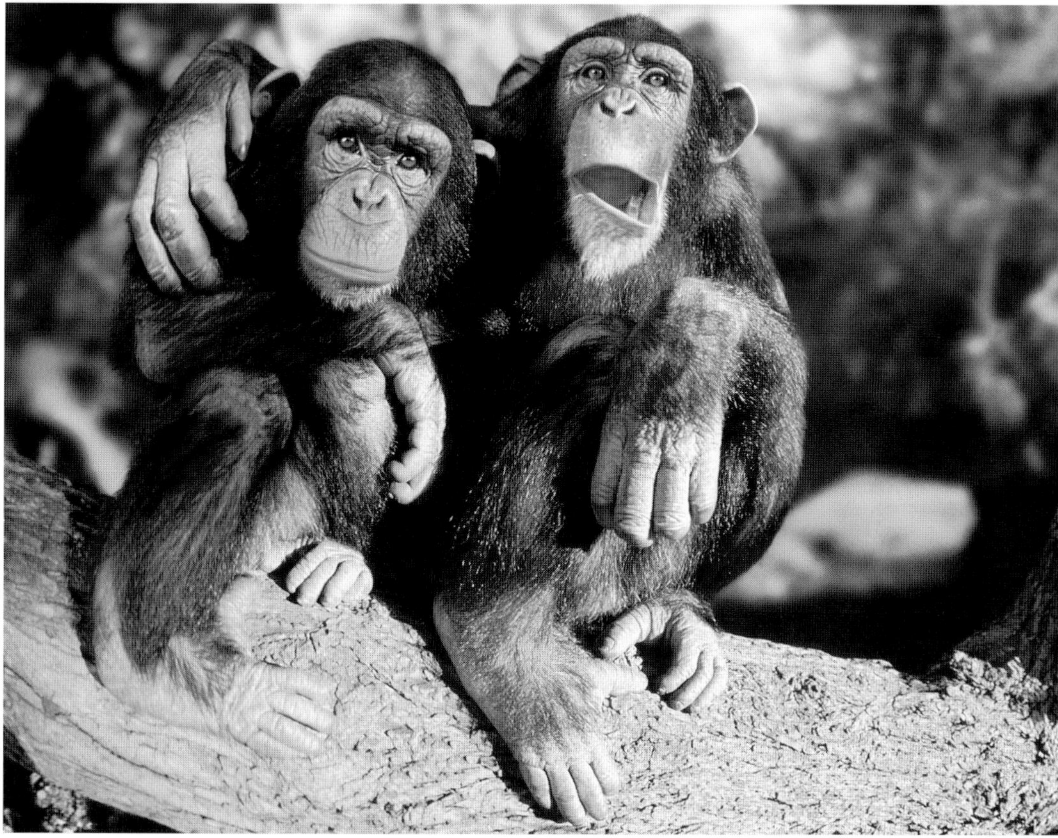

"Olha, a coisa é simples: tem que dar umas boas palmadas nesses garotos! Esquece aquele papo de psicologia, o negócio é meter porrada, ou eles acabam achando que tudo na vida é fácil... Eu, por exemplo: apanhei de cinto quando era criança, e olha eu aqui. Hoje até agradeço..."

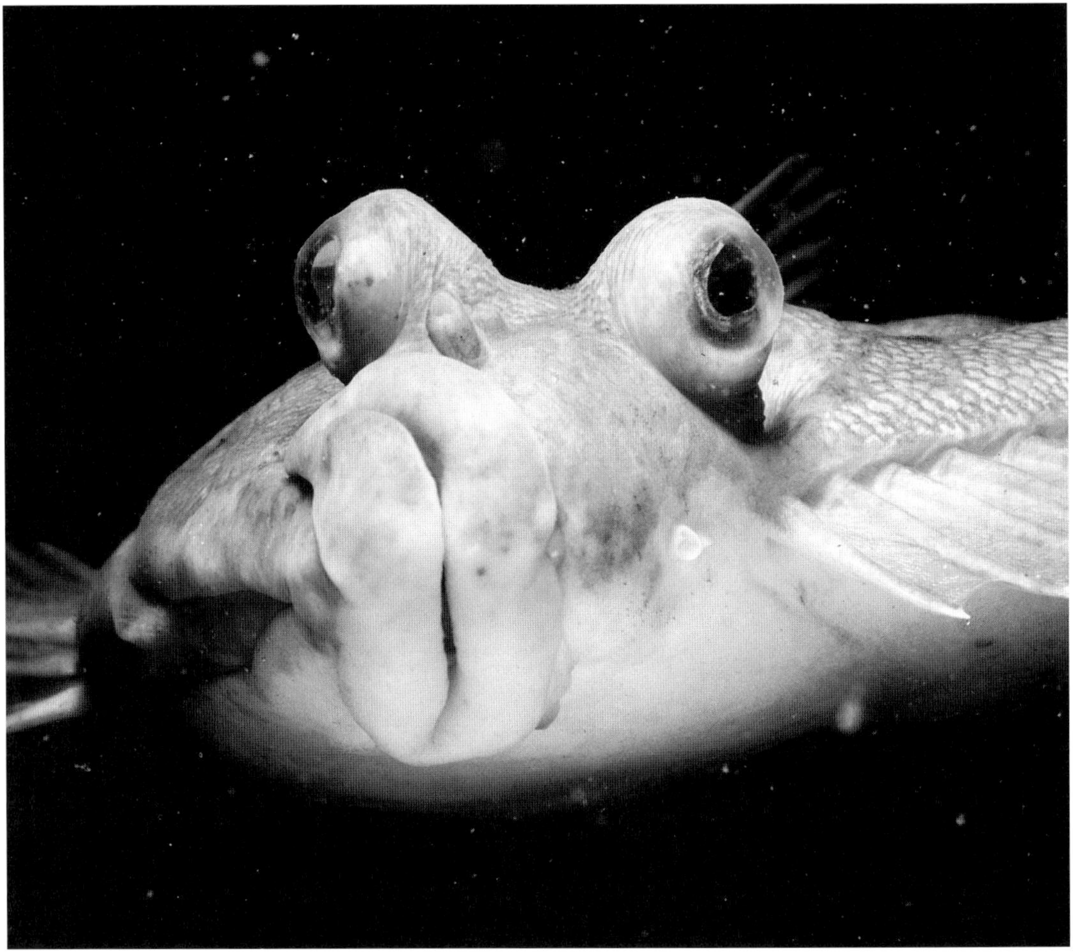

Parece estressante? Pois é mesmo.
Algumas mães ficam doidinhas – e quem pode culpá-las?

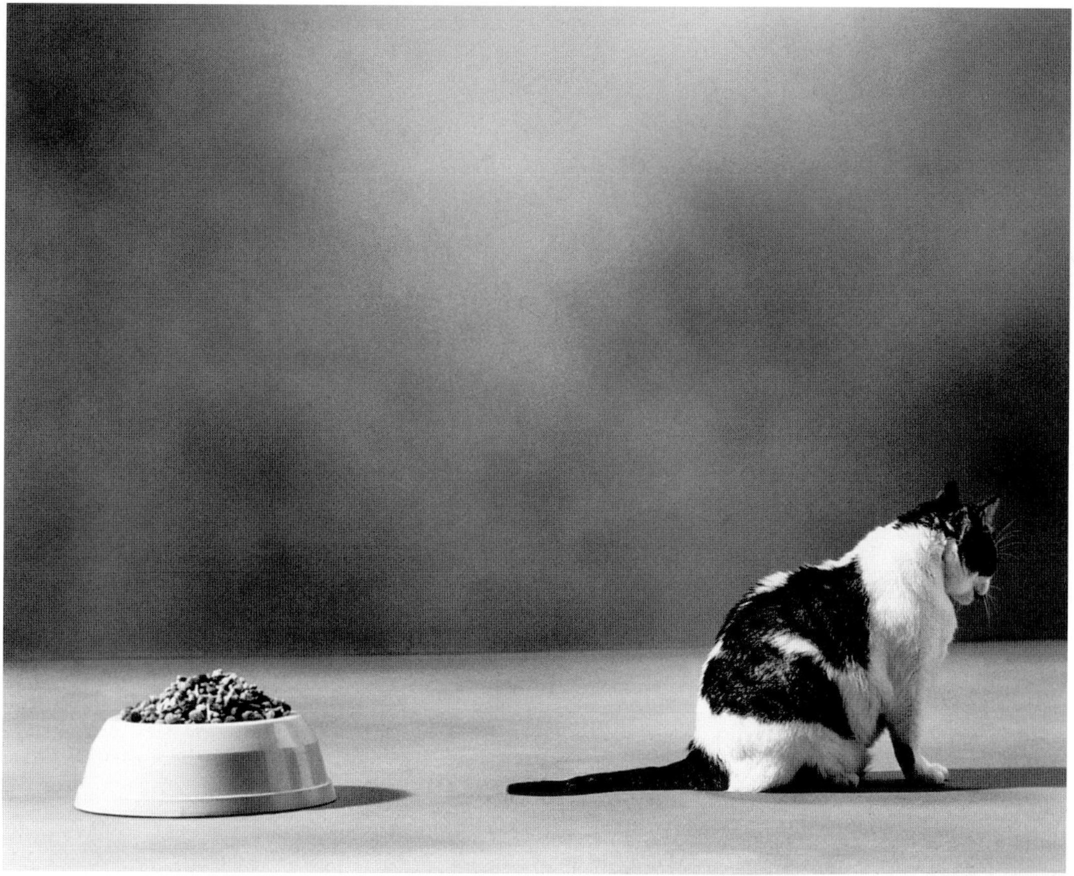

Quando a gente pensa bem sobre tudo
o que têm que agüentar, é de admirar que
nem todas desenvolvam distúrbios alimentares,

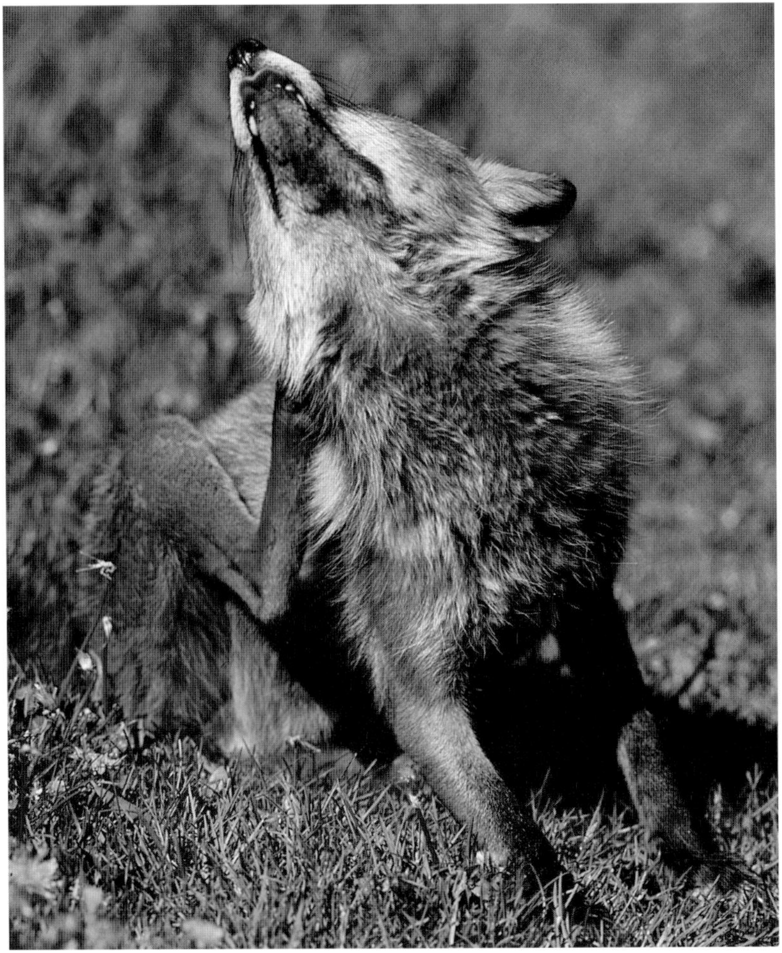

sofram de alergias de fundo emocional,

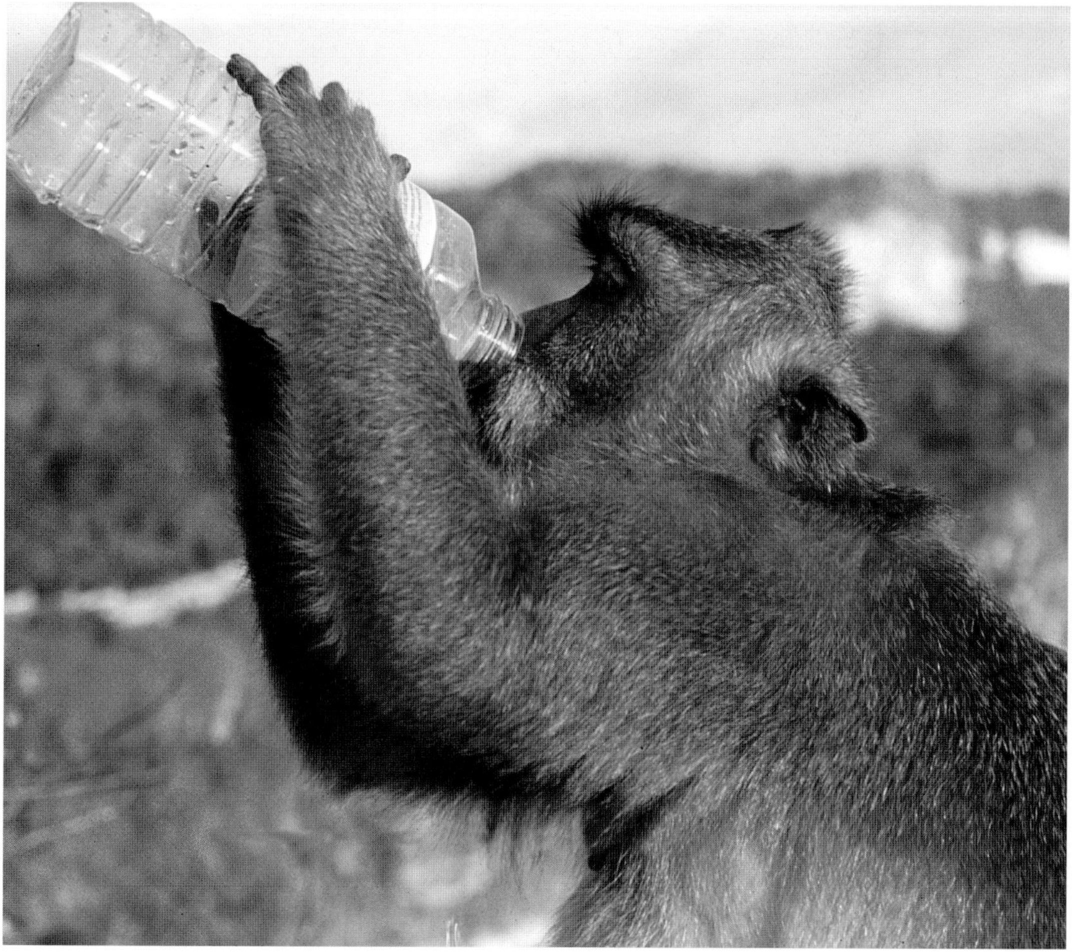

passem a ter uma sede incontrolável de cachaça,

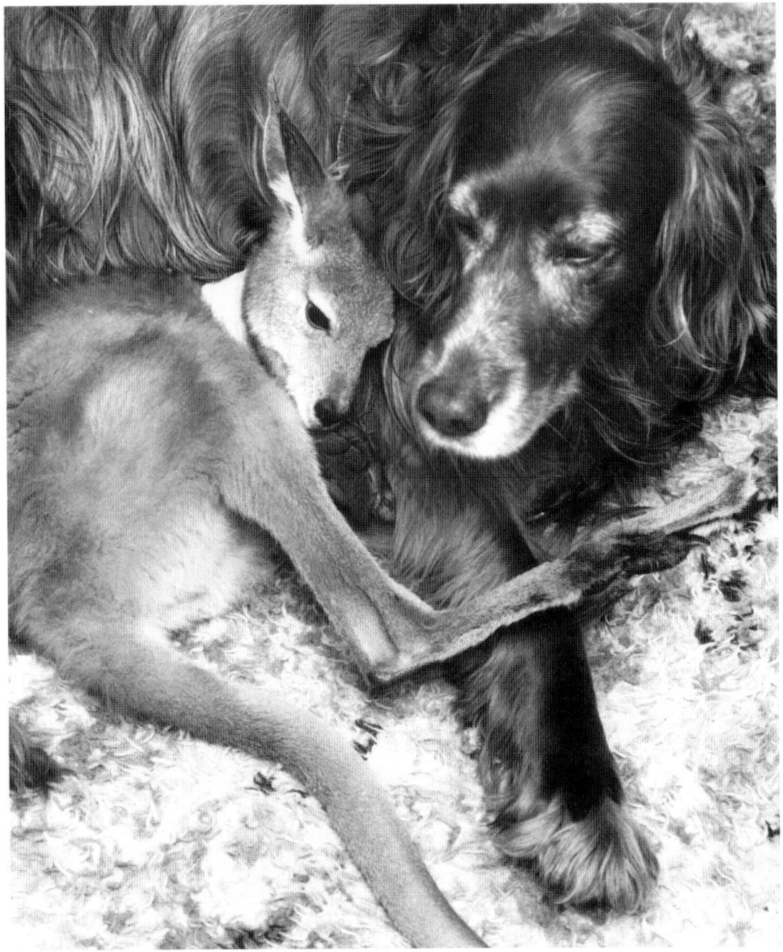

ou, pelo menos,
tenham um caso com seus terapeutas.

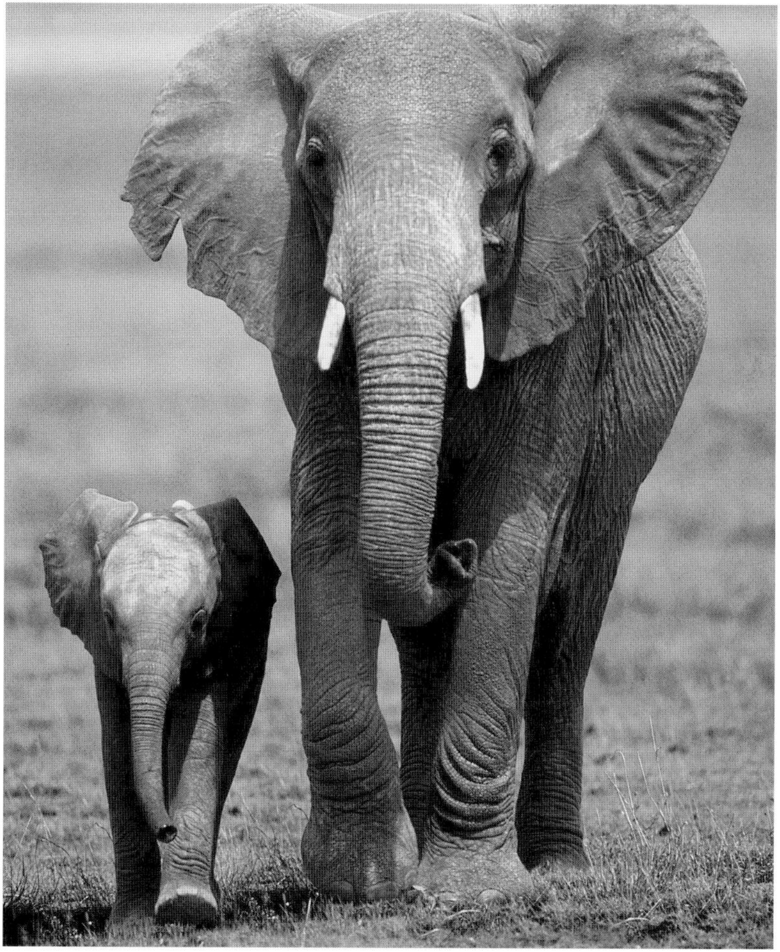

Mas, durante tudo isso, uma mãe nunca perde de vista seu objetivo primordial: ficar ao lado do seu filhote através dos difíceis caminhos da vida,

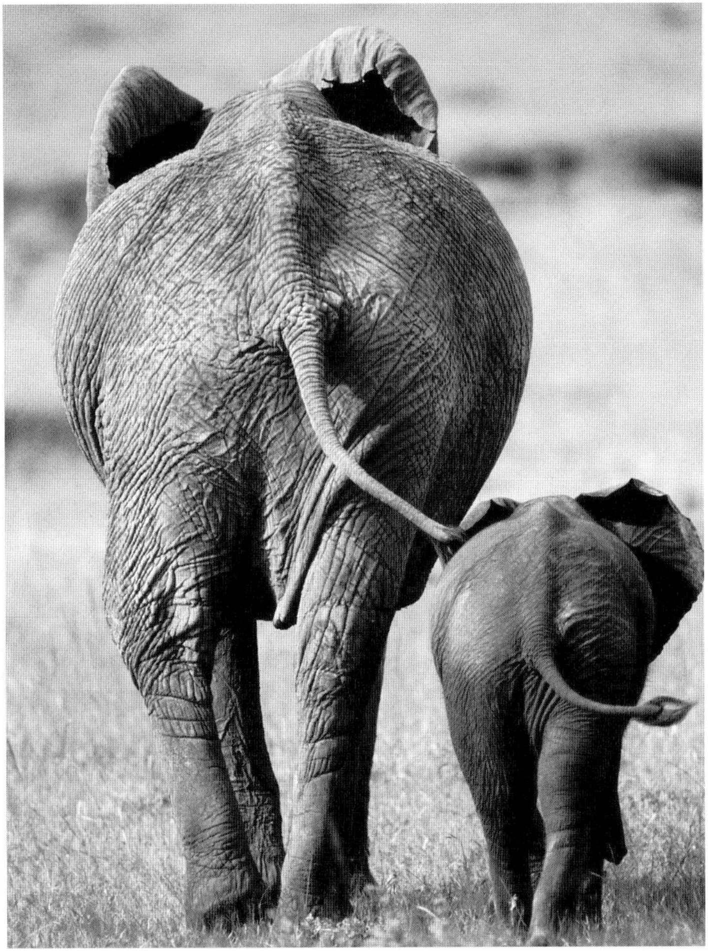

passo a passo.

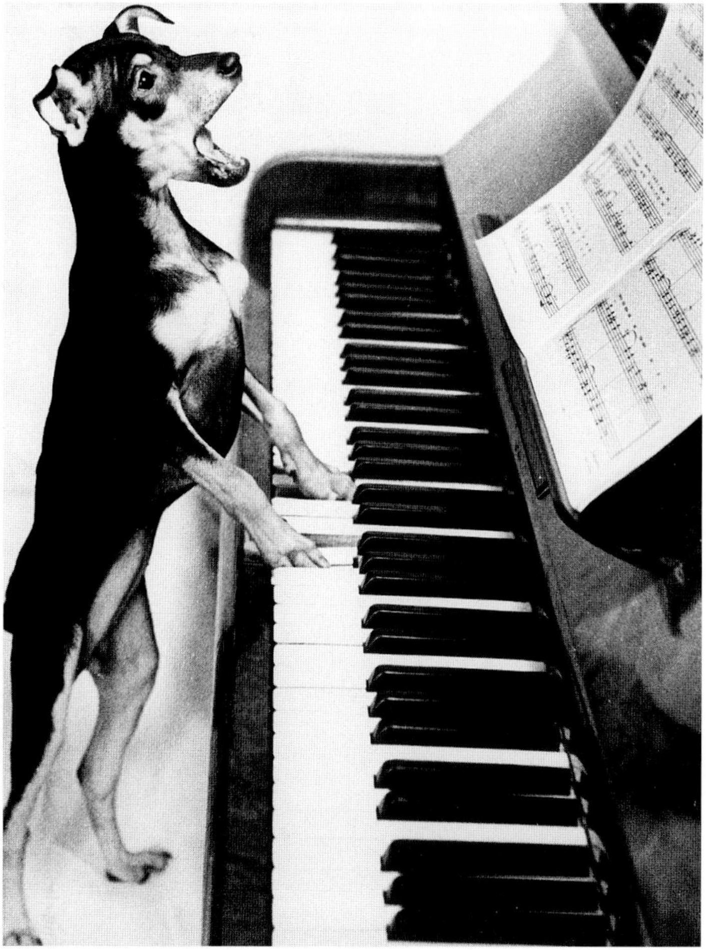

Às vezes uma criança tem um talento especial
e grande determinação para seguir seu dom.

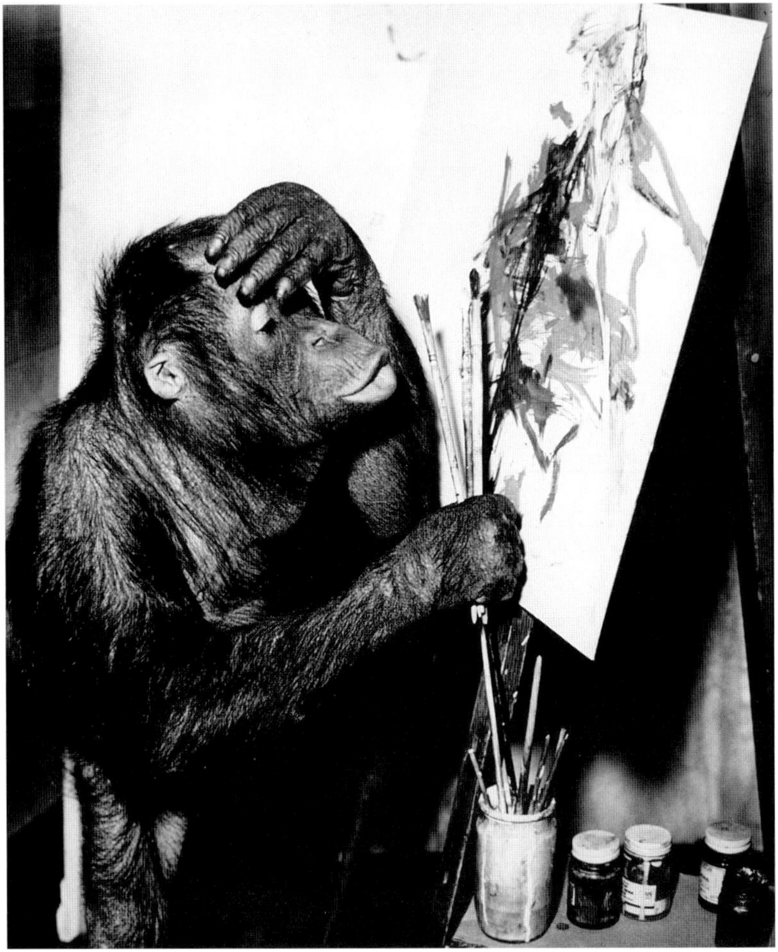

Mas, na maioria dos casos,
o processo é demorado

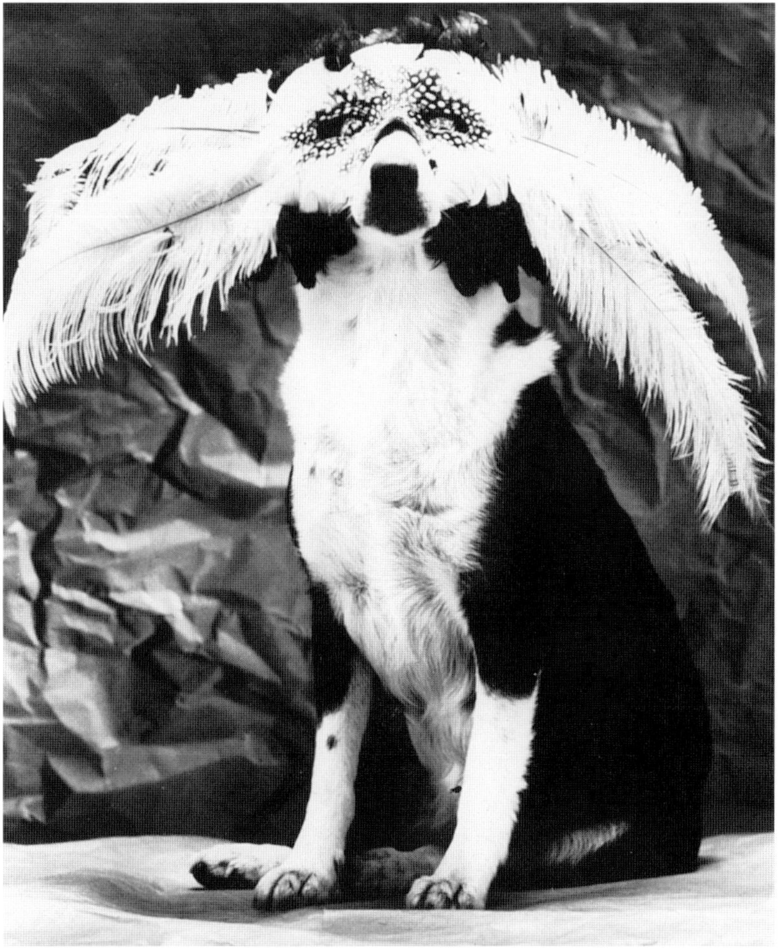

e pontuado por momentos
que todos gostariam de esquecer.

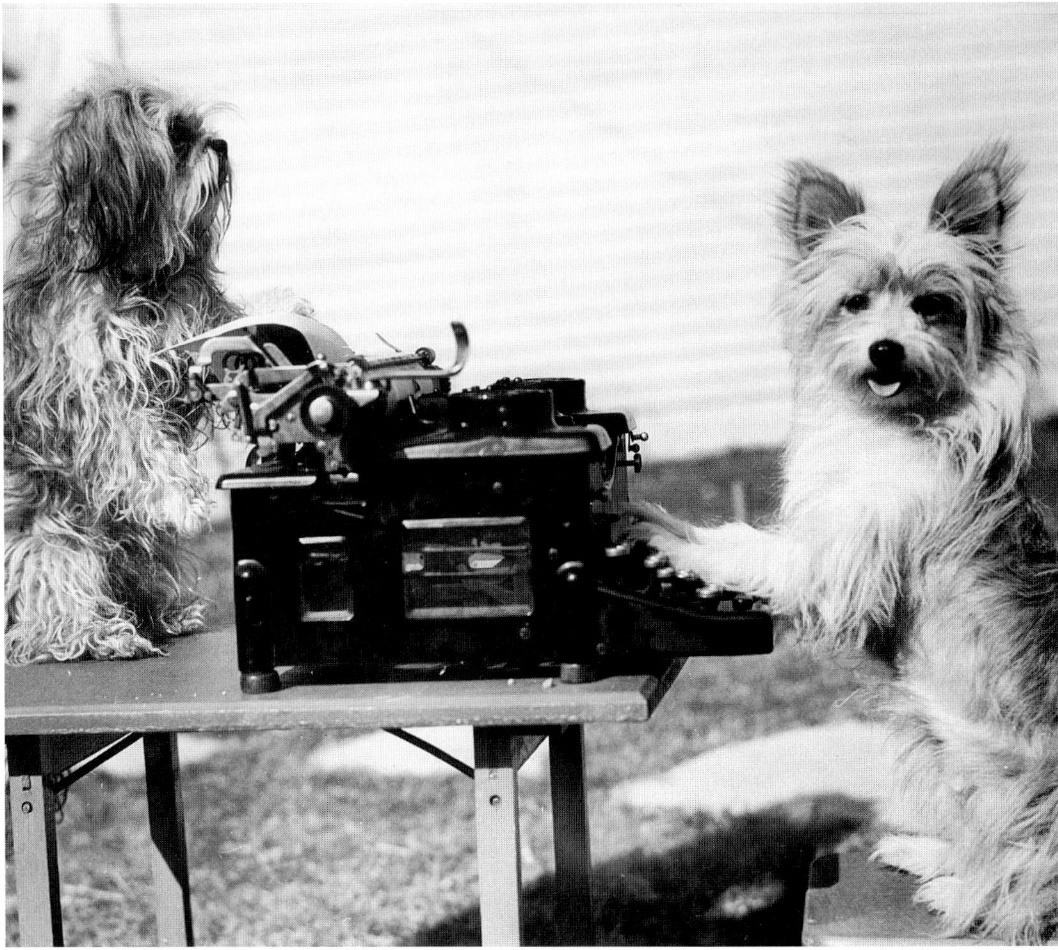

Depois de tanto esforço, porém, a mãe finalmente
verá o filho descobrir seu lugar no mundo.

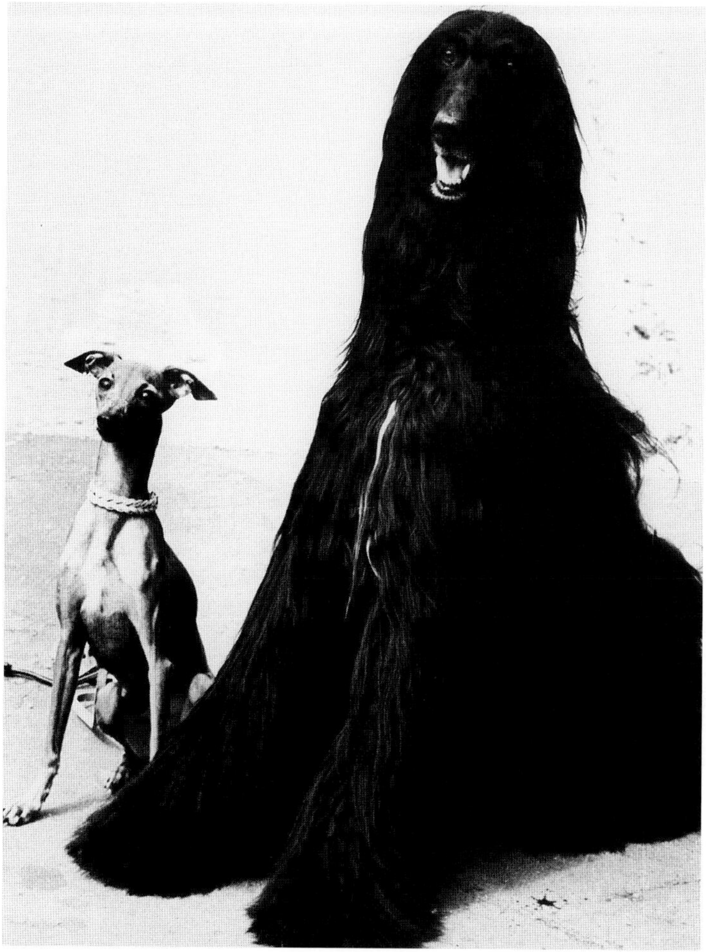

Mais cedo ou mais tarde, as antigas crianças também descobrirão as suas caras-metades.

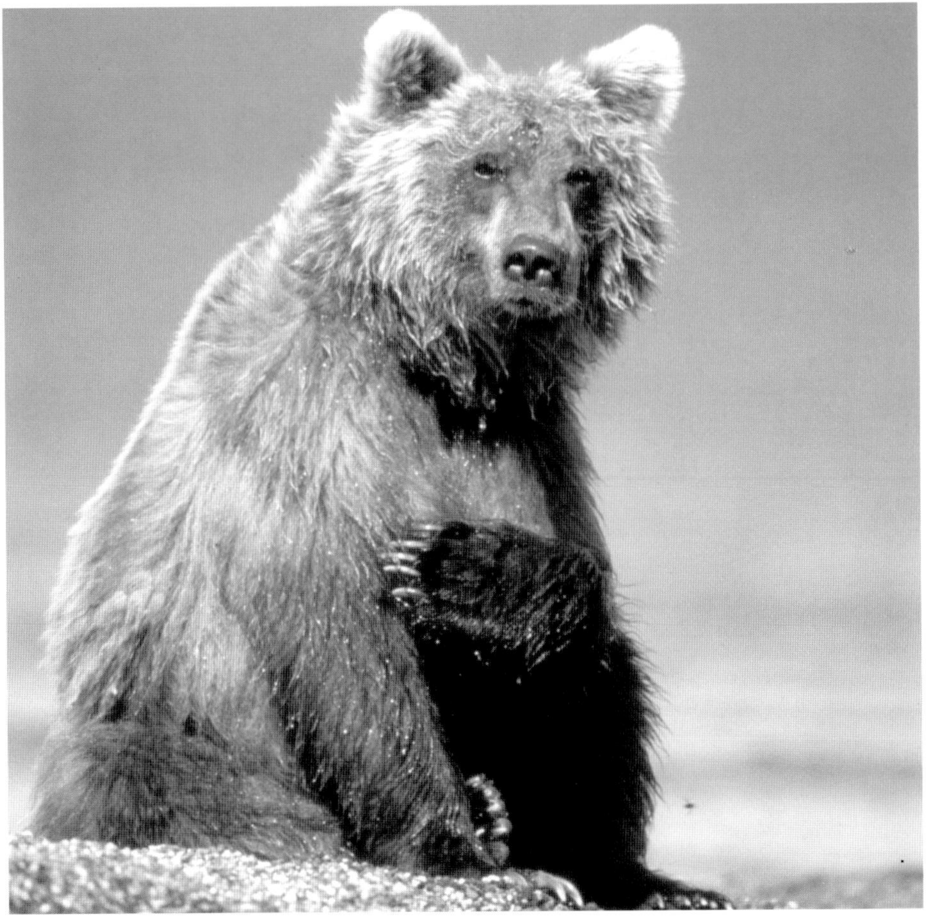

Então – e isso é de cortar o coração! – a mãe sabe que deve dizer adeus. A criança para quem ela foi uma fonte inesgotável de amor, sabedoria e inspiração cresceu.

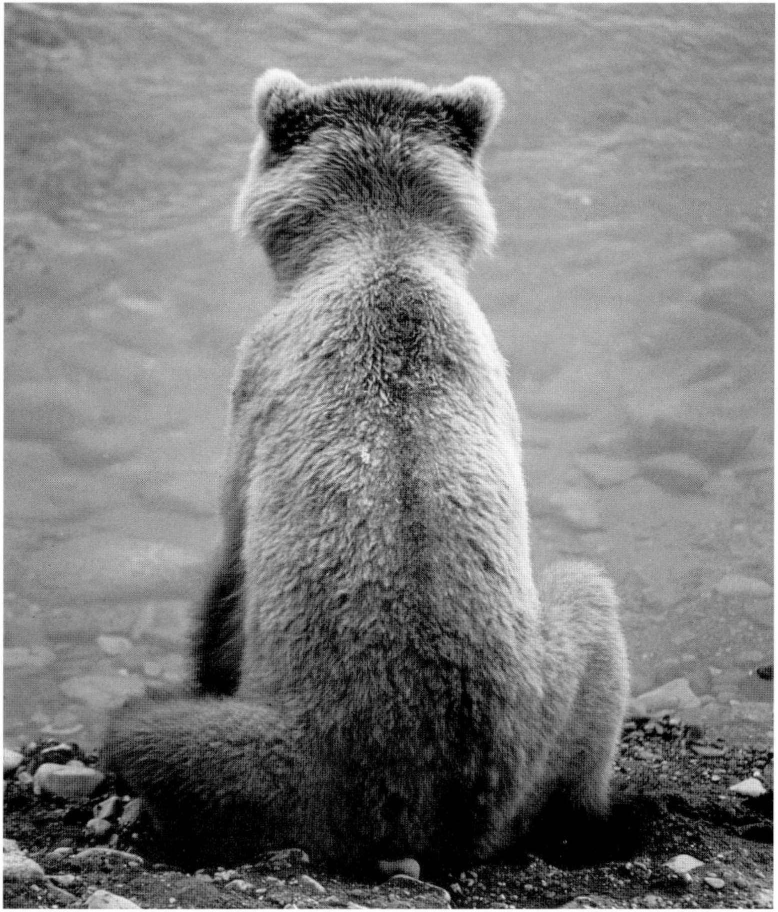

Enquanto ela vê seu filho se afastar, o silêncio da casa
ecoa as memórias das primeiras palavras,
das mãozinhas curiosas, dos passinhos nas pontas dos pés.

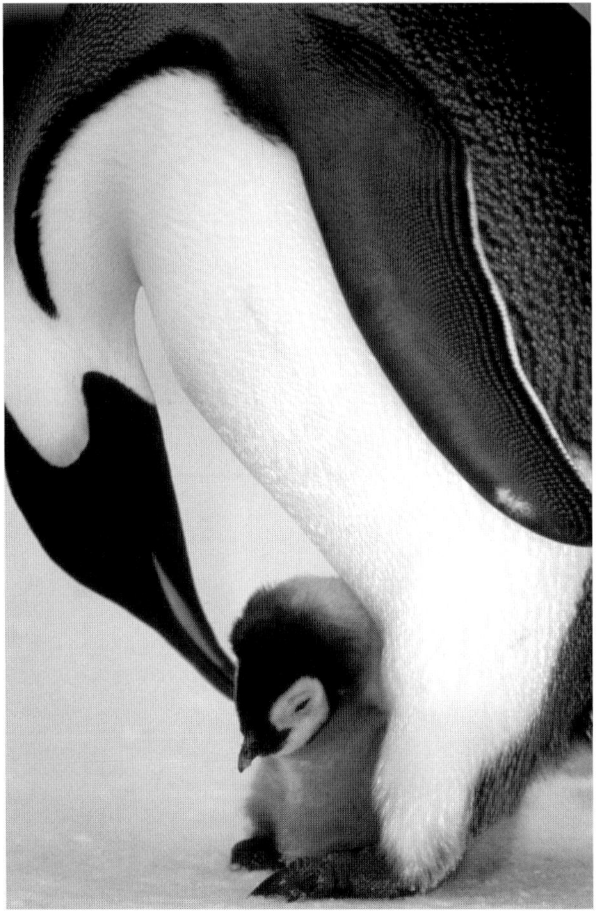

Como podemos agradecer às mães por trazerem seus filhos ao mundo, por educarem toda a vida inteligente do planeta e assim garantirem a sobrevivência da espécie?

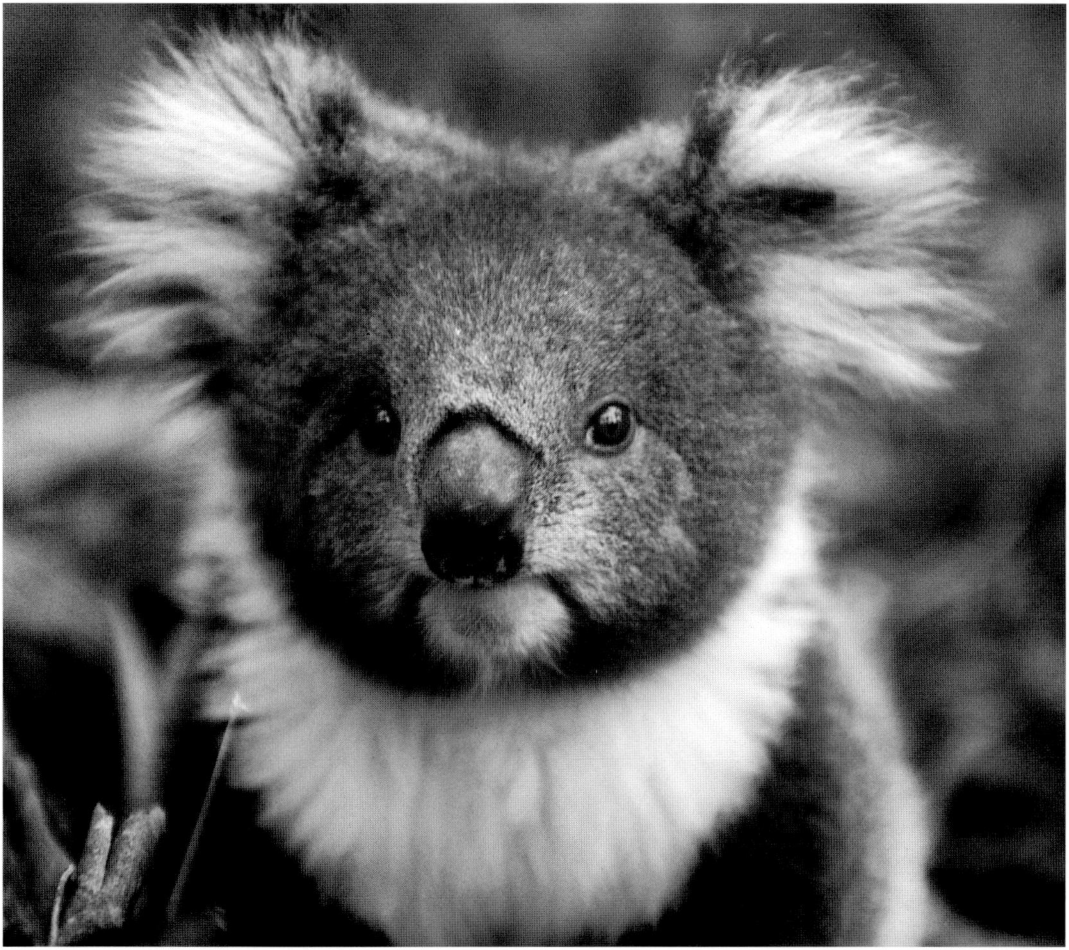

Dá o que pensar, não é?

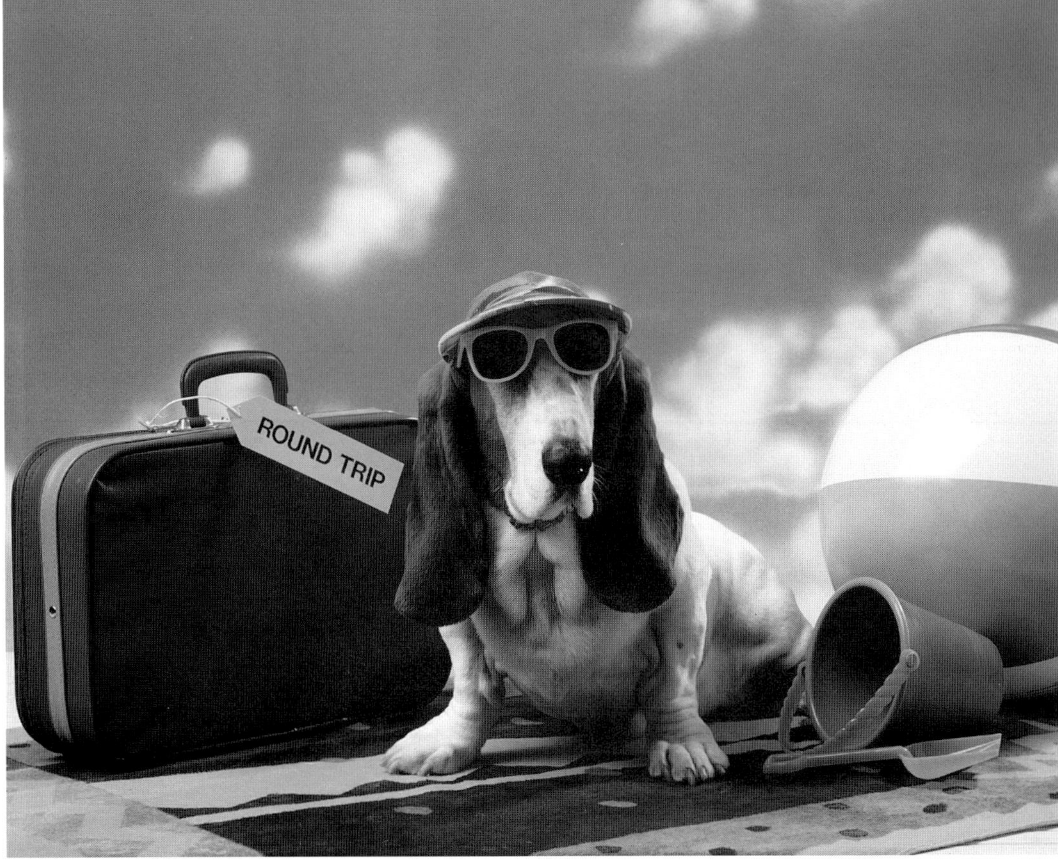

Bom, vamos ver. Um bom ponto de partida poderia ser uma viagem de luxo, em hotéis cinco estrelas, com tudo pago, pelo resto da vida.

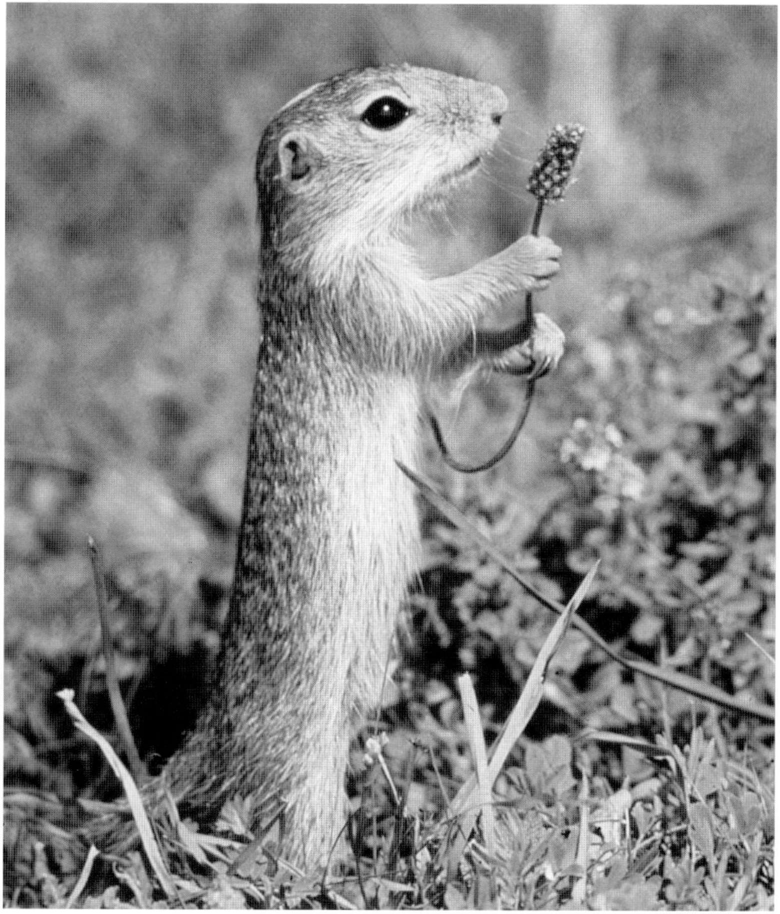

Ou, ocasionalmente – e não apenas
no Dia das Mães! –, umas flores bem bonitas,
escolhidas com muito carinho.

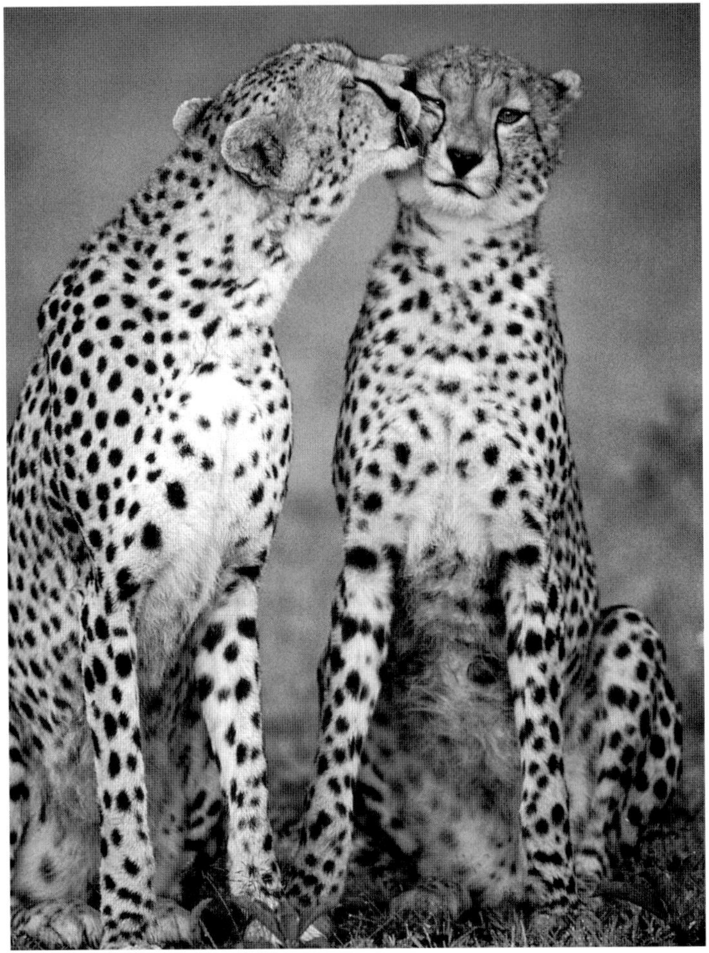

Beijos de agradecimento inesperados
também a farão sentir-se muito querida.

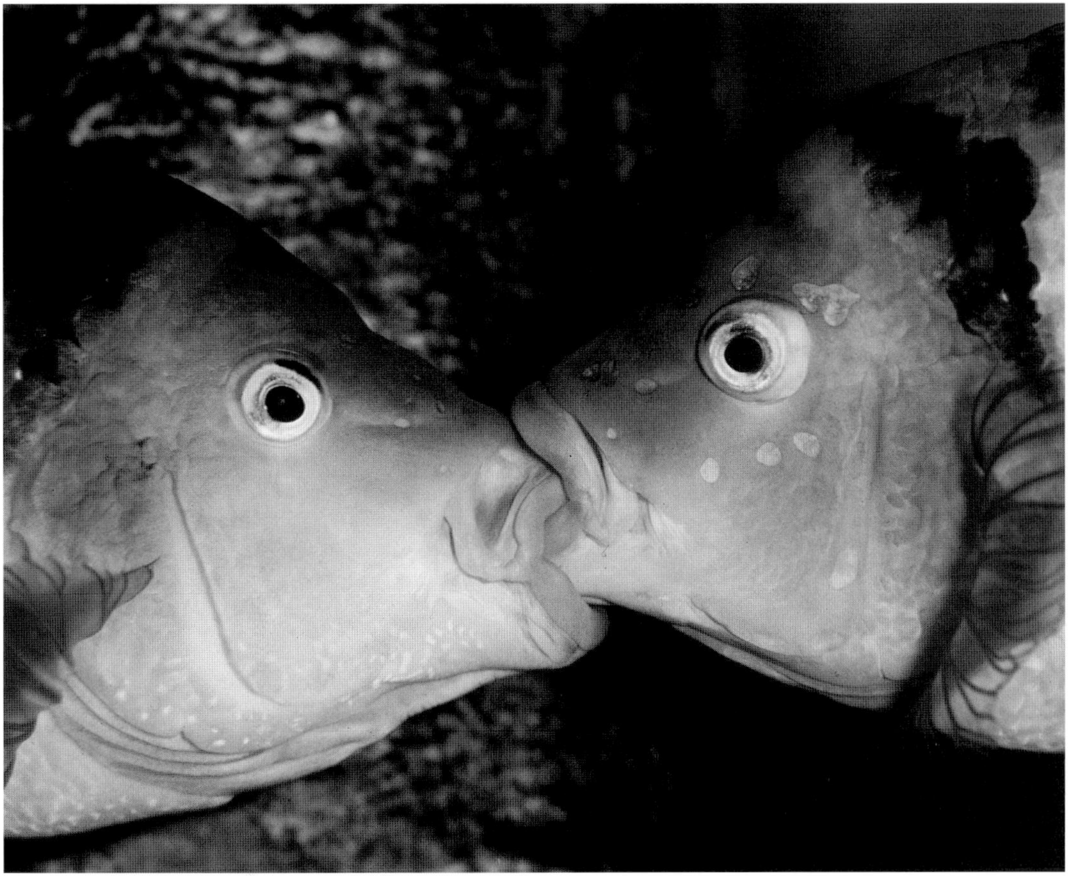

(Mas beijos bacanas, engraçados, e não aquelas coisas melosas que os parentes mais asquerosos têm mania de dar na gente!)

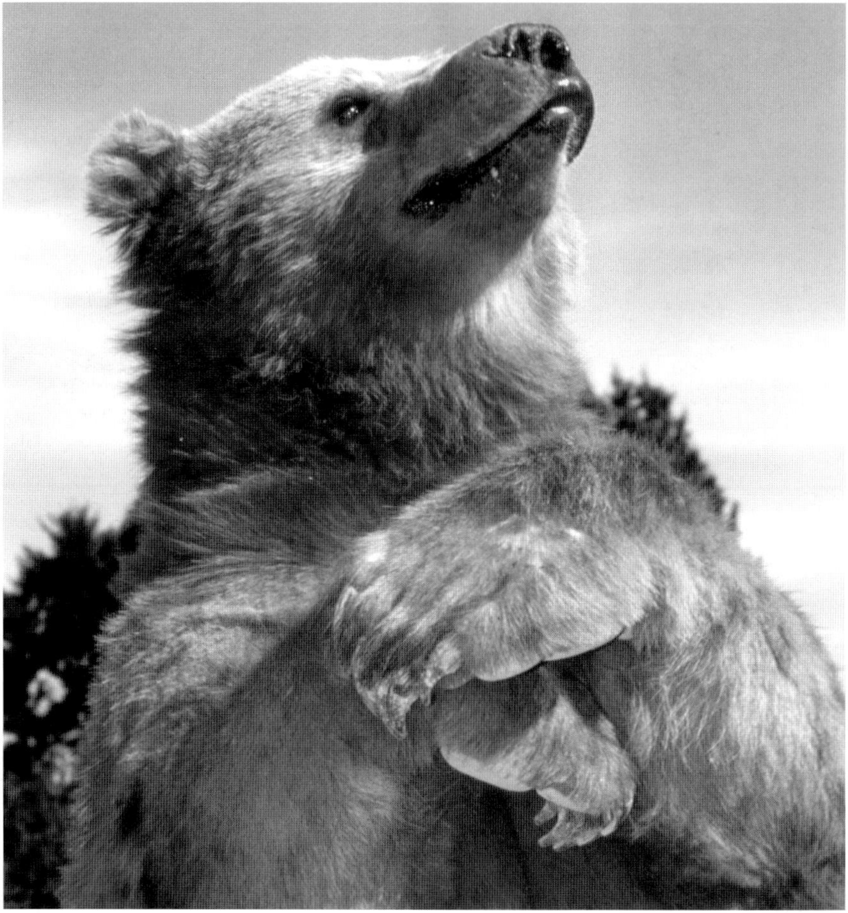

É claro que a melhor recompensa que uma mãe pode esperar
é ver o seu bem mais precioso tornar-se alguém
de quem ela possa se orgulhar.

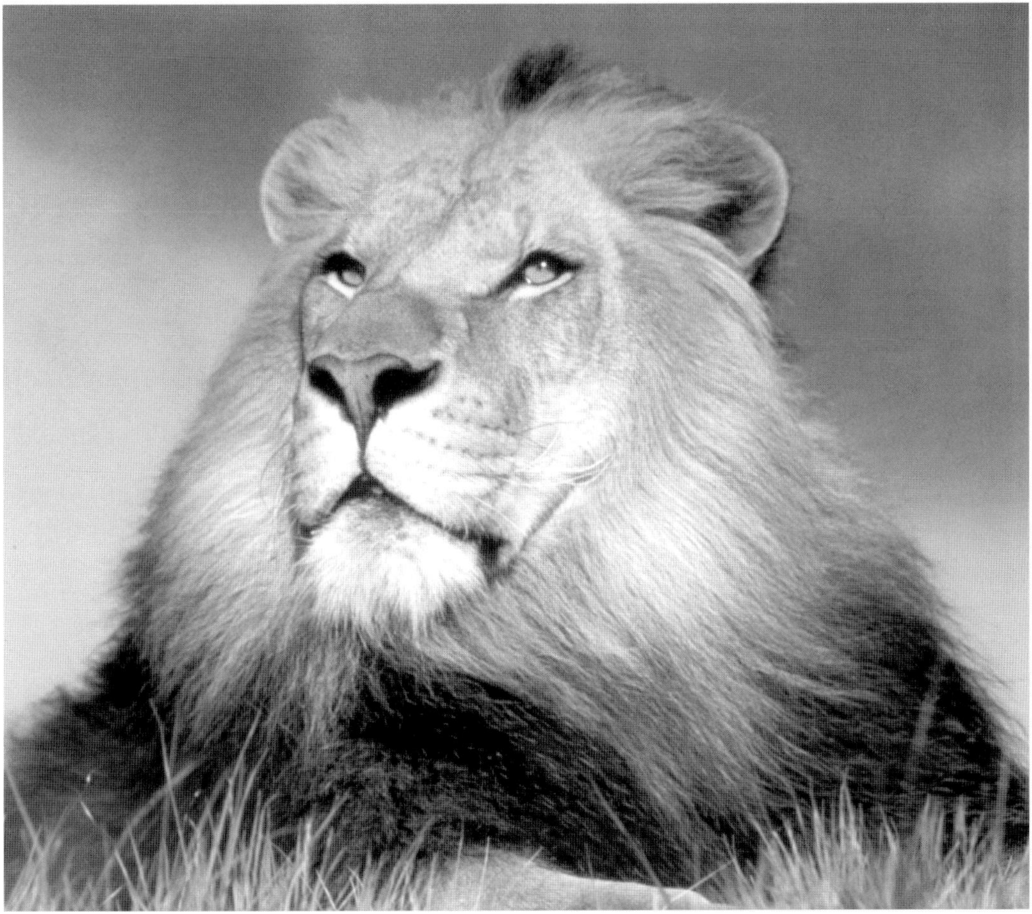

SOMEONE HONEST AND CARING, THAT TREATS OTHERS KINDLY

Alguém honesto e carinhoso,
que trata os outros com gentileza e respeito,
disposto a defender aquilo em que acredita.

AND WITH RESPECT,

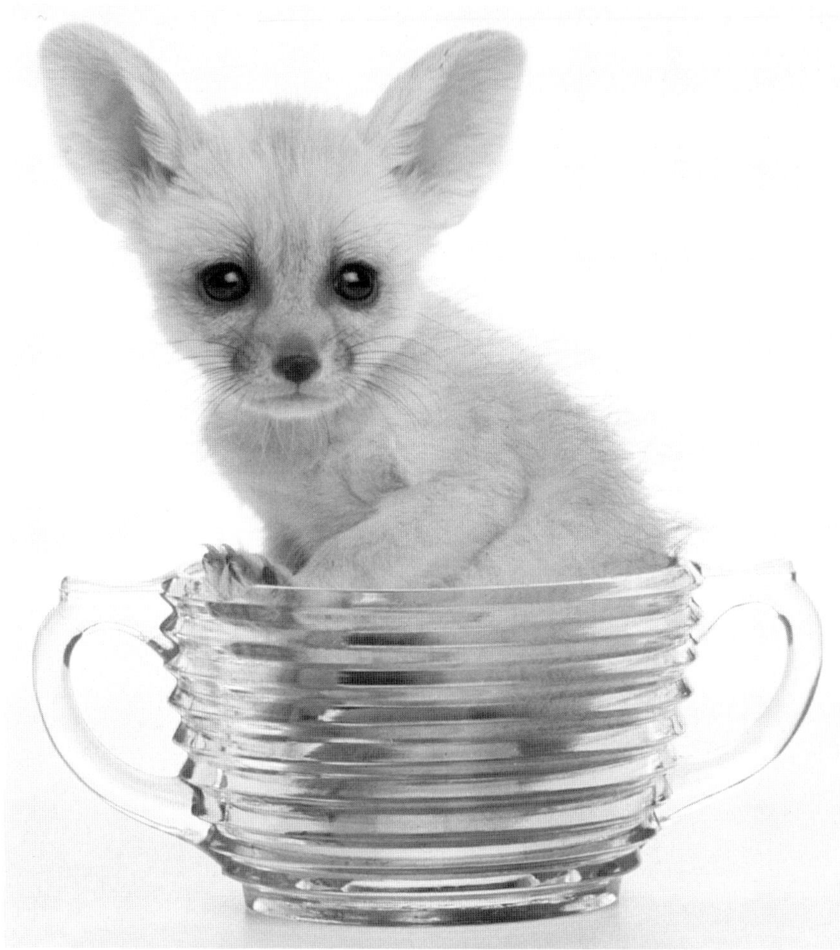

SOMEONE THAT, IN THEIR OWN WAY, CONTRIBUTES WHATEVE

Alguém que, à sua maneira, dê a sua contribuição,
por menor que seja, para fazer do mundo um lugar melhor.

HE CAN, TO MAKE THE WORLD A BETTER PLACE.

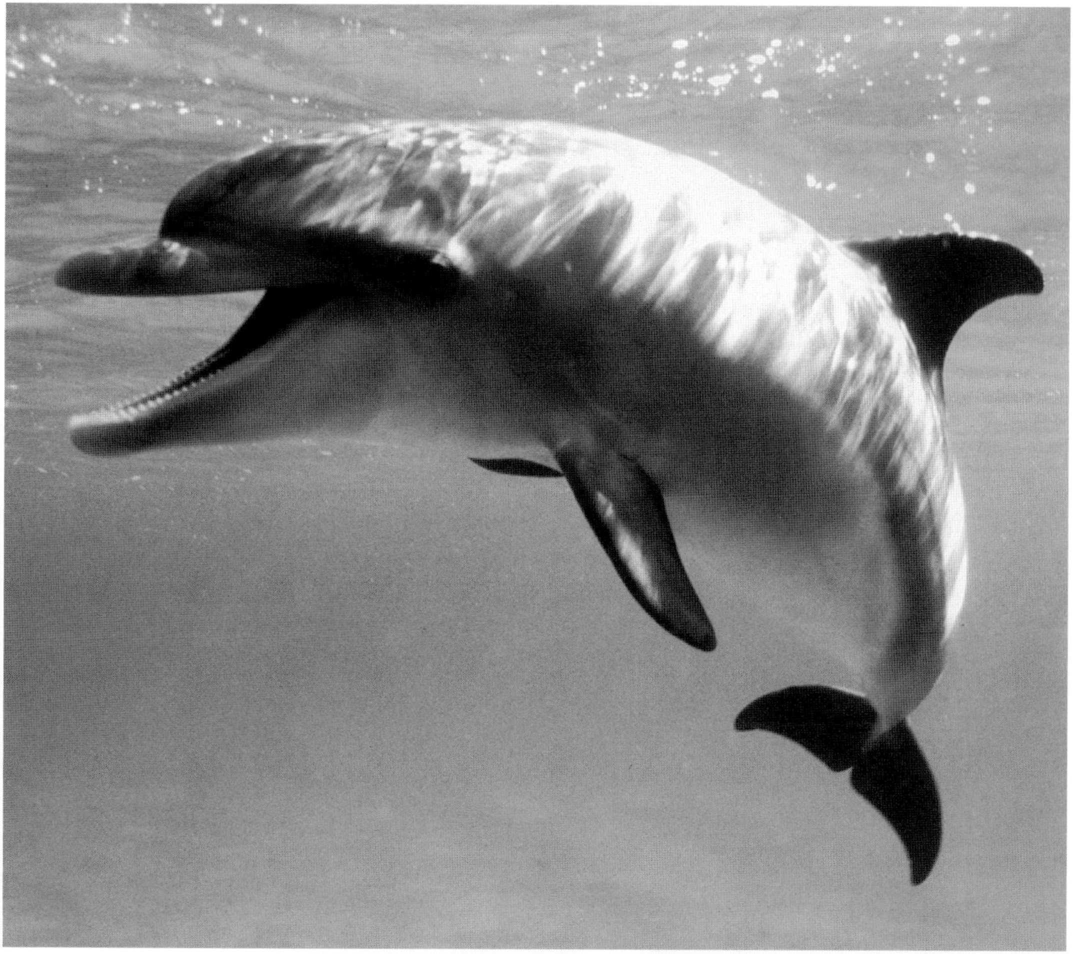

BUT ALL THAT SHE WANTS, ALL SHE HOPES FOR FROM THE

Mas tudo o que ela quer, tudo o que ela deseja, do fundo da alma, é saber que suas crianças estão de fato felizes.

BOTTOM OF HER SOUL, IS TO KNOW THAT HER CHILDREN ARE TRULY HAPPY.

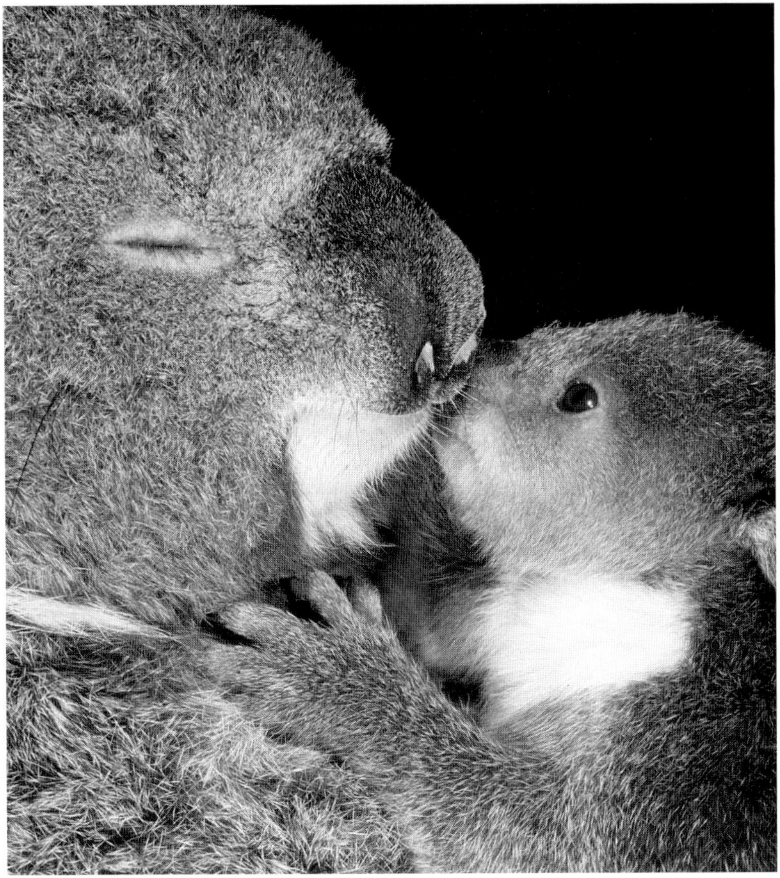

Em resumo, é isso. Em troca de todas as suas incontáveis horas de dedicação e sacrifício, a mãe só quer que seus filhos sejam felizes. E que, de vez em quando, lhe digam quatro palavrinhas muito, muito especiais:

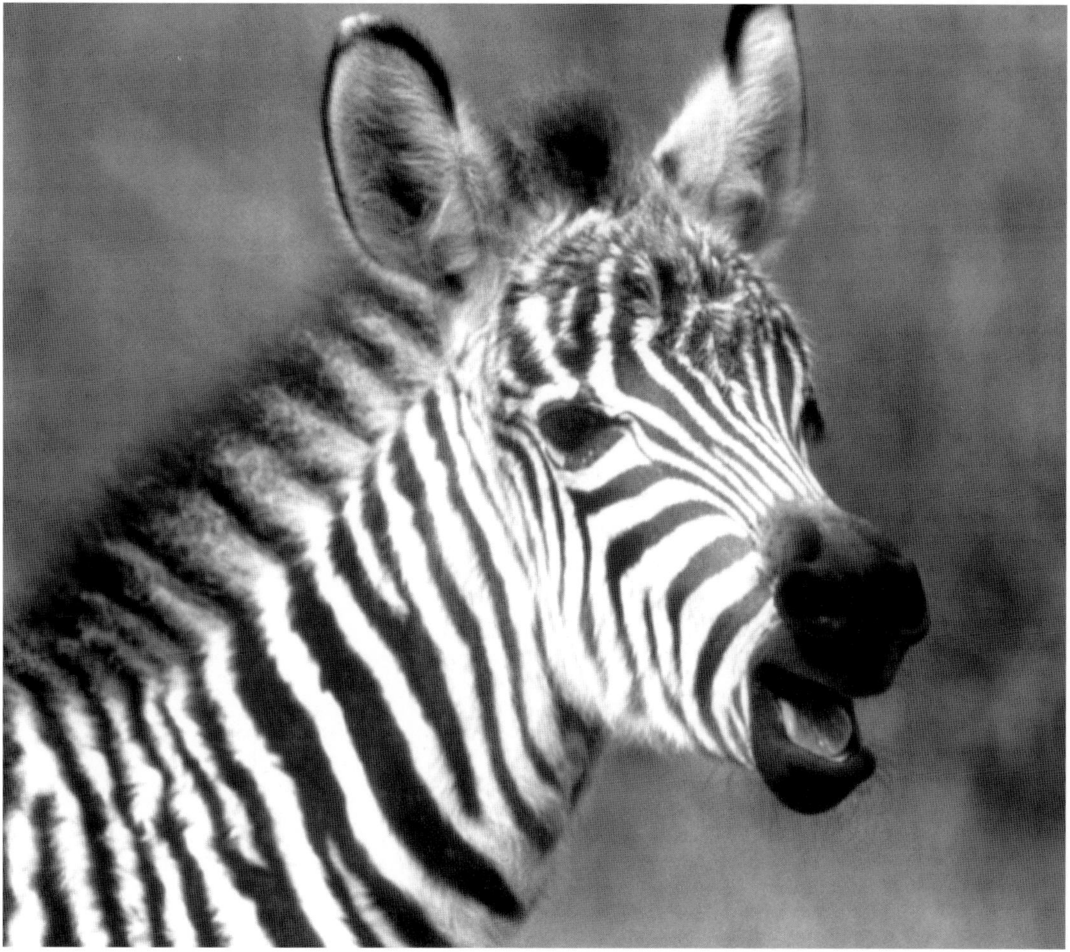

"I LOVE YOU, MOMMY!"

"Eu te amo, mamãe!"

Agradecimentos

Aparentemente, muitas pessoas influentes não desejam que *A Incrível Verdade* seja divulgada. Às vezes, quando eu estava enjoado de saltar de trens em movimento e cansado de dormir em milharais, a céu aberto, pensei em desistir da missão. Mas graças à gente que de fato acreditava nela, como Jane Palfreyman, da Random House (Austrália), meu coração se fortificava, e assim pude concluir esta obra homérica. Ainda assim, se não fosse por Christine Schillig (conhecida como "La mujer del fuego") e seu "Andrews McMeel Cinco Estrelas", que uma vez me transportaram clandestinamente na traseira de sua pick-up através de fronteiras estaduais, este livro nunca teria vindo à luz.

Outras pessoas puseram suas vidas em risco, ao me garantir acesso a arquivos secretos de fotografias: Basquali, Andrew Stephenson, Anne Sidlo, Simone Cater, Rachel Badham, Sashi Kanagasabai, David Taylor, Adrian Seaforth, Karl Mellington, Bronwyn Stewart e Norma Scott. Agradecimentos especiais são devidos também à minha letal, porém indispensável, assistente pessoal, Anita Arnold.

Acho fundamental encerrar com algumas observações a respeito do grande Al Zuckerman, da Writers House, de Nova York. Al é um agente literário altruísta durante o dia e um incansável justiceiro à noite. Se ele não fosse tão alérgico a roupas colantes, a essa altura seria muito mais famoso do que o Batman. Al, onde quer que você esteja, muito obrigado.

Informações sobre os próximos lançamentos

Para receber informações sobre os próximos lançamentos da Editora Sextante, queira entrar em contato com nossa Central de Atendimento, dando seu nome, endereço e telefone para:

EDITORA SEXTANTE
Rua Voluntários da Pátria, 45 – Gr. 1.404 – Botafogo
22270-000 – Rio de Janeiro – RJ
Tel.: (21) 2286-9944 – Fax: (21) 2286-9244
DDG: 0800-22-6306 (ligação gratuita)
E-mail: atendimento@esextante.com.br
www.sextante.com.br

CRÉDITOS:

As fotografias foram usadas com a permissão das seguintes empresas:

GETTYONE (Sidney, www.gettyimages.com)
As imagens da GETTYONE aparecem nas páginas: 11, 19, 21, 26, 34, 35, 38, 40, 42, 43, 46, 51, 52, 56, 62, 63, 67, 69, 72, 75, 77, 80, 81, 97, 99, 100, 101, 107.

PHOTOLIBRARY.COM (Sidney, www.photolibrary.com)
As imagens da PHOTOLIBRARY.COM aparecem nas páginas: Capa, 24, 48, 65, 70, 88, 89, 90, 95, 96, 98, 114.

WILDLIGHT PHOTO AGENCY (Sidney, www.wildlight.net)
As imagens da WILDLIGHT aparecem nas páginas: 27, 32, 57, 71, 79, 85, 92, 93, 105,

IMAGE BANK (Sidney, wwwgettyimages.com)
As imagens do IMAGE BANK aparecem nas páginas: 10, 15, 20, 25, 29, 30, 39, 41, 49, 53, 54, 55, 58, 59, 73, 82, 83, 103, 112.

STOCK PHOTOS PHOTOGRAPHIC LIBRARY (Sidney, www.stockphotos.com.au)
As imagens da STOCK PHOTOS aparecem nas páginas: 12, 13, 14, 23, 60, 78, 91, 108, 109, 113.

AUSTRAL INTERNATIONAL (Sidney, www.australphoto.com.)
As imagens da AUSTRAL aparecem nas páginas: 17, 36, 68, 106,

AUSTRALIAN PICTURE LIBRARY (Sidney, www.australianpicturelibrary.com.au)
As imagens da APL aparecem nas páginas: 25, 37, 44, 45, 47, 50, 61, 64, 66, 74, 84, 86, 87, 94, 102, 104, 110, 111, 115.

SMH FAIRFAX(Sidney, www.smh.com.au)
As imagens da SMH aparecem nas páginas: 28, 31.

AUSCAPE (Sidney, www.auscape.com.au)
A imagem da AUSCAPE aparece na página: 22.

WEST AUSTRALIAN NEWS (Perth, www.thewest.com.au)
As imagens da WEST AUSTRALIAN aparecem nas páginas: 18, 94.

BASQUALI Pty. Ltd. (Sidney, www.basquali.com)
A imagem de BASQUALI aparece na página: 76.

Conheça outros títulos do autor

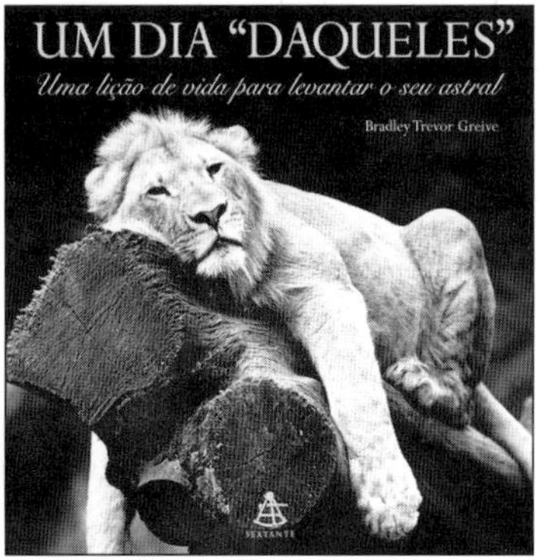

Um Dia "Daqueles"

Um Dia "Daqueles" é um livro-presente inspirador e divertido. Com suas incríveis e expressivas fotos de animais, ele tem encantado milhões de leitores no mundo inteiro.

Diante do bom humor do autor e da surpreendente "humanidade" que ele soube encontrar nos animais, é impossível deixar de sorrir.

Mesmo quando se está em um dia "daqueles".

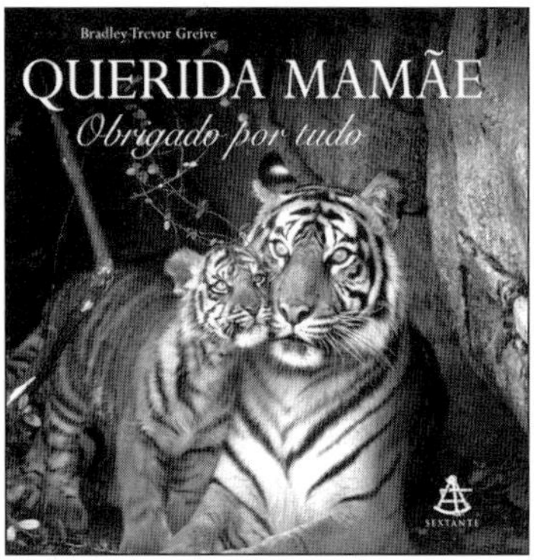

Querida Mamãe, Obrigado por Tudo

Nem sempre é fácil achar as palavras certas para dizer o quanto gostamos de nossas mães. Como agradecer por toda dedicação, amor e cuidado que recebemos?

Querida Mamãe vai ajudar os filhos de todas as idades (especialmente os que se dizem crescidos) a expressar esses sentimentos tão fundamentais com uma divertida combinação de palavras e extraordinárias fotografias de animais.